AF672983

Jan Müller
Der Pinselmax

Jan Müller

Der Pinselmax

Bildgeschichten

Alfa-Veda

Satz in Janni und JanniCasual: Jan Müller
Druck und Bindung:
Books on Demand GmbH, Norderstedt
www.alfa-veda.com
ISBN 978-3-98837-015-0

Inhalt

Schere & Pappe

Wiesbaden, Ostern 1952

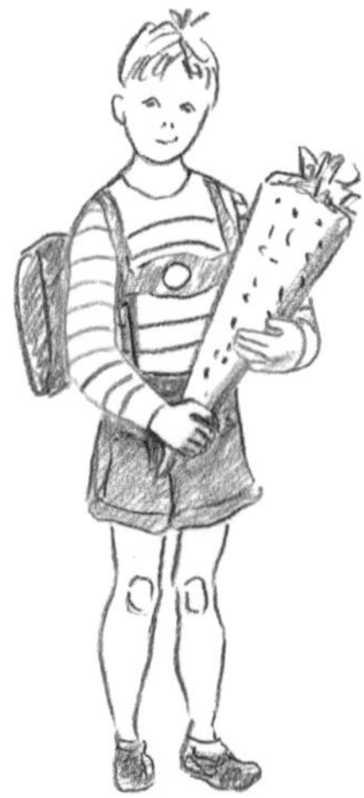

Ich bekomme eine Zuckertüte und werde eingeschult. Mit Griffel und Schiefertafel lernen wir als ABC-Schützen nicht nur die Buchstaben für die Laute kennen, die wir hören, sondern wir lernen auch, Gegenstände zu zeichnen, die wir sehen und anfassen können. Eine Aufgabe besteht darin, etwas flach auf den Zeichenblock zu legen und den Rand mit dem Stift nachzufahren. Nehmen wir den Gegenstand dann vom Blatt, sehen wir auf dem Papier seinen Umriss, zum Beispiel unsere Hand oder eine Schere. Da der Umriss aber noch zu blass und flach aussieht, dürfen wir ihn anschließend ausmalen und füllen, ja, wir dürfen ihn sogar mit unserer Fantasie zum Leben erwecken. Dabei wird die Schere bei mir zu einem breitbeinigen Mann mit Hut.

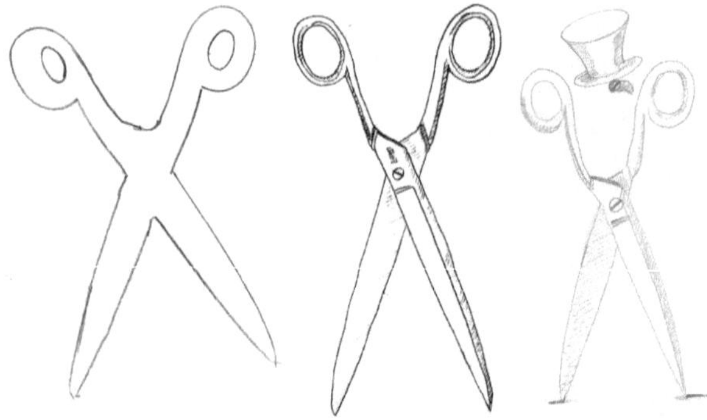

Das macht Spaß! So entstehen Figuren für Geschichten. Schere, Stein, Papier, was malen wir? Eine Geschichte über Schere und Pappe, und zwar zehnmal, damit wir sie an Eltern und Geschwister, an Lehrer und Freunde verteilen können. – Tja, das ist nun siebzig Jahre her. Ich bezweifle, dass jemand das Heft noch aufbewahrt hat. Ich weiß nur noch, dass es um Schneiden und Einwickeln ging und dass es sich reimte.

Ungefähr so.

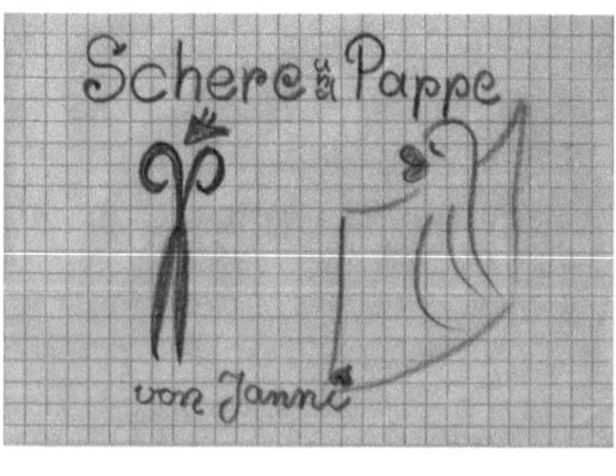

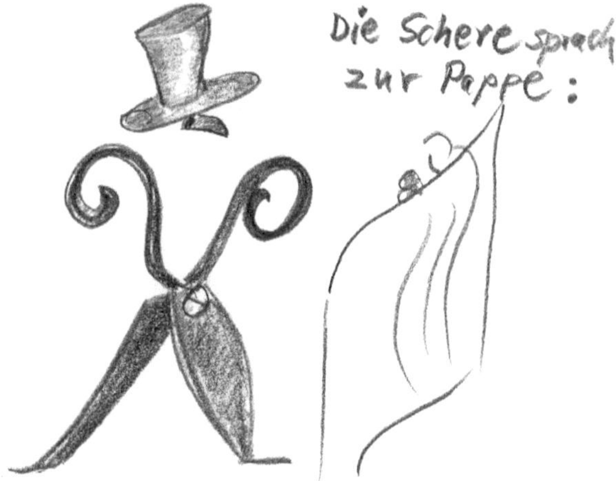
Die Schere sprach
zur Pappe:

„Komm her, du dummes Ei!

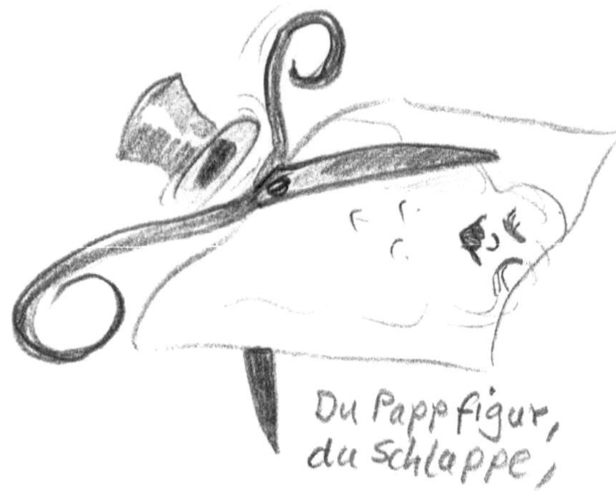
Du Pappfigur,
du Schlappe,

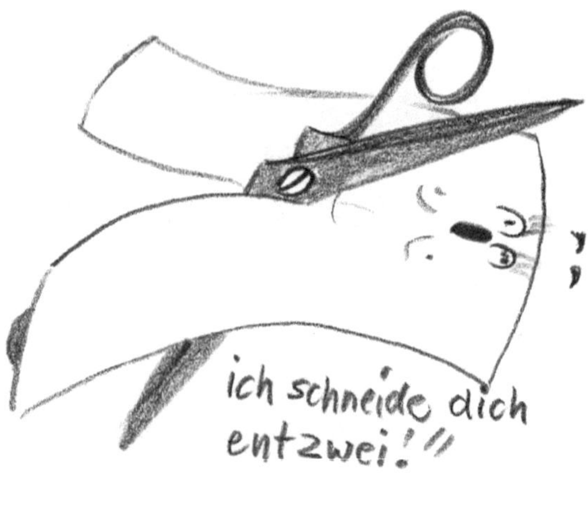
ich schneide dich
entzwei!"

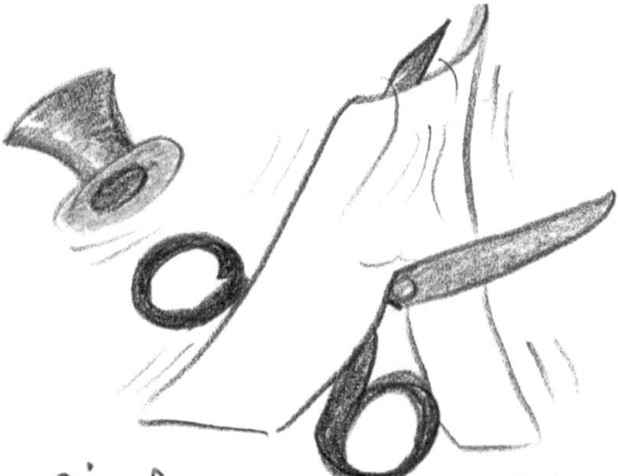

Die Pappe sprach zur Schere:

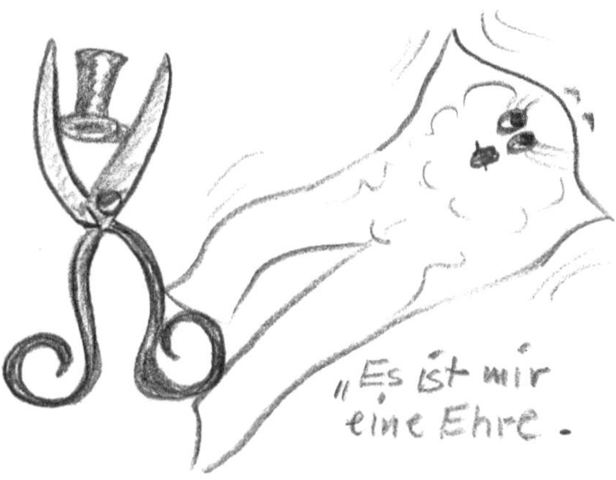

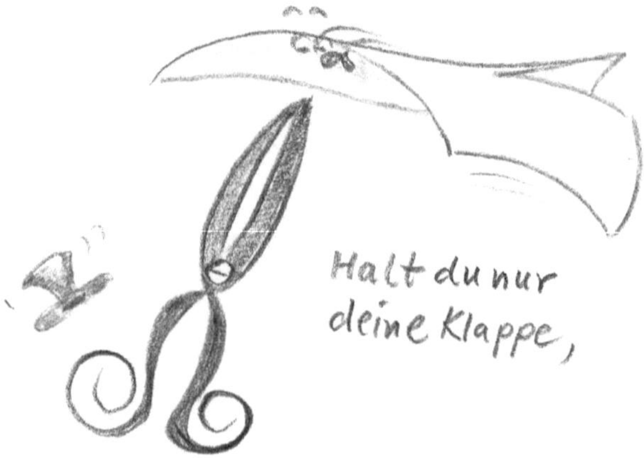

Halt du nur deine Klappe,

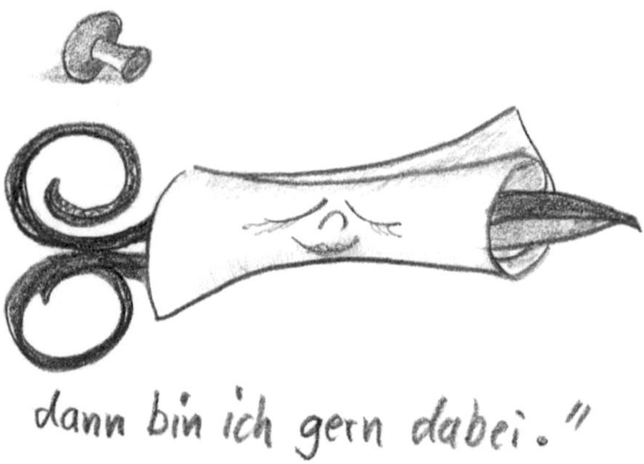

dann bin ich gern dabei."

❖ ❖ ❖

Peter Pan

Berlin-Frohnau, 9. Februar 1973

Ich wohne im Meditationscenter am Waldrand in Berlin-Frohnau und leite Vertiefungskurse mit Yoga, Atemübungen und vielen Meditationssitzungen, da klingelt es an der Tür.

Draußen steht ein bildhübsches, etwa zwanzigjähriges Mädchen mit großem Hut und bittet um drei Räucherstäbchen.

Sie will an diesem Tag die Transzendentale Meditation erlernen, aber ihr TM-Lehrer Nicklas hat keine Räucherstäbchen mehr im Haus, die er für die Puja, die vedische Einweihungszeremonie braucht.

Nachdem wir uns nett unterhalten haben, geht sie mit den Räucherstäbchen pfeifend zu ihrem TM-Lehrer, um ihre allererste Meditationserfahrung zu machen.

Eine Woche später kommt sie wieder bei uns vorbei und erzählt begeistert von ihrer ersten Meditation.

Diese Geschichte inspiriert mich, ein kleines Heft über diesen Tag zu malen und es ihr bei ihrem nächsten Besuch im Center Frohnau zu schenken.

Das hat sie jahrelang aufbewahrt und es mir genau 50 Jahre später, am 9. Februar 2023, zurückgeschickt. Ich hatte nur noch die erste Zeile in Erinnerung: Peter Pan kam heran ...

Peter Pan

von Janek

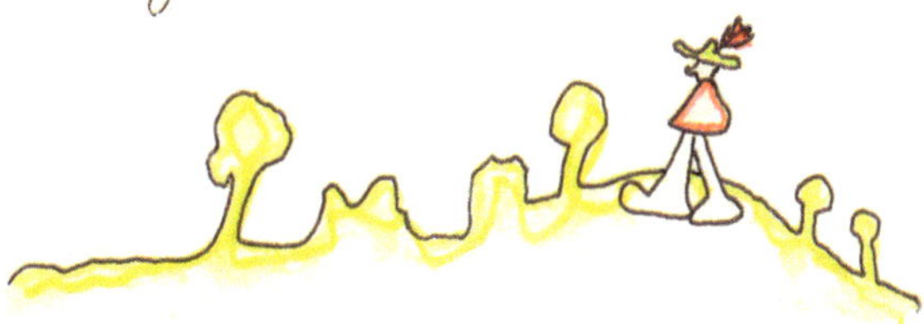

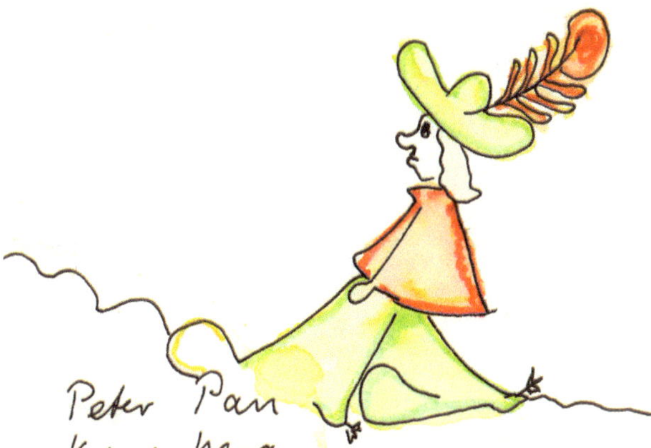

Peter Pan
kam heran
mit dem Hut mit Feder dran.

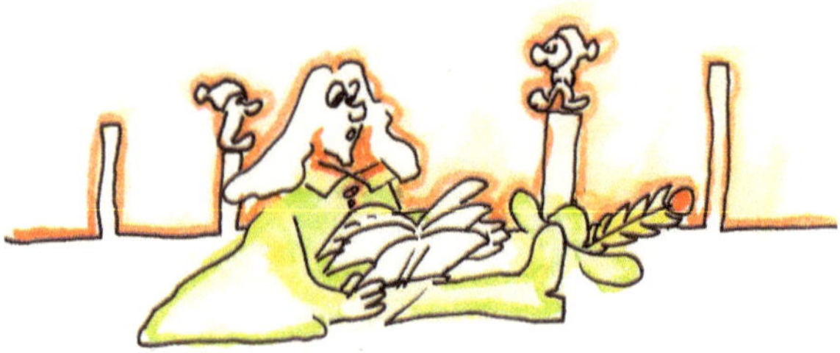

setzt sich nieder
pfeift drei Lieder
und dann geht er wieder.

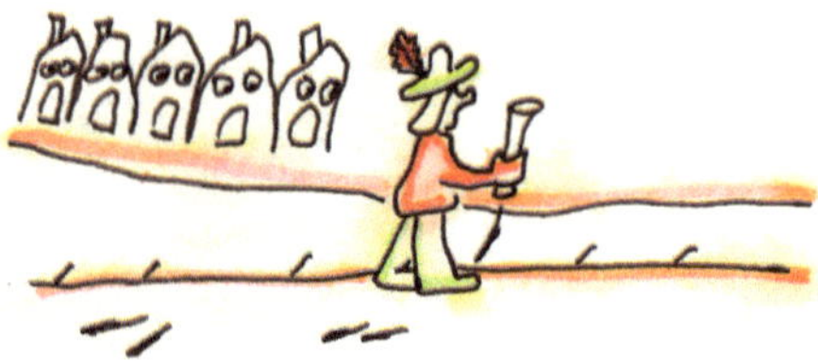

Durch das Städtchen
zieht das Mädchen
völlig ohne Räucherstäbchen.

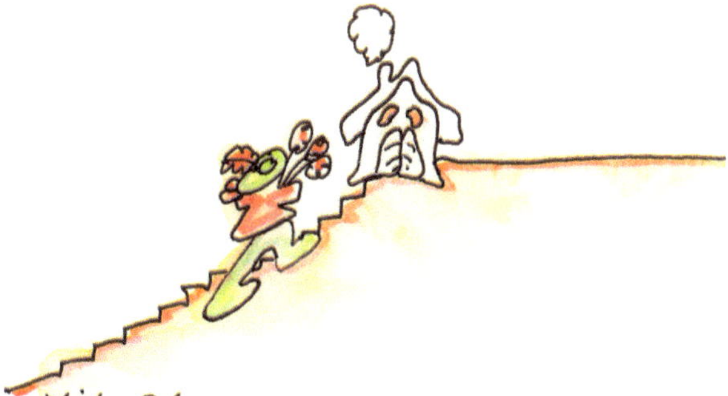

Mit Blumen, Obst und
frohem Sinn,
geht sie zu dem Niklas hin.

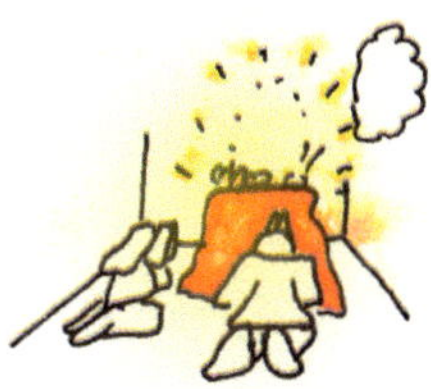

Abends wird sie eingeweiht
voller Herz und Innigkeit.

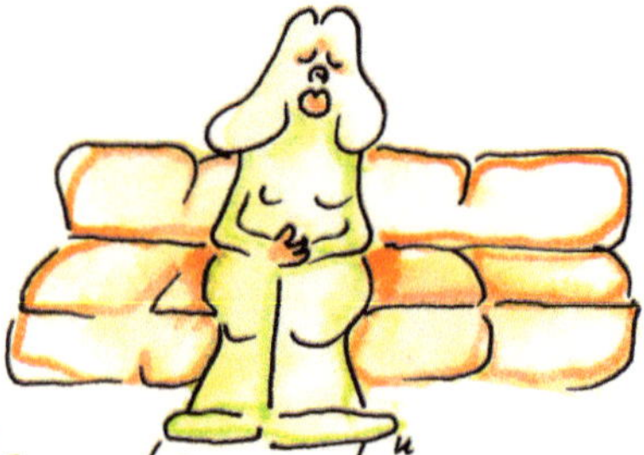

War das schön
wer das sacht ...

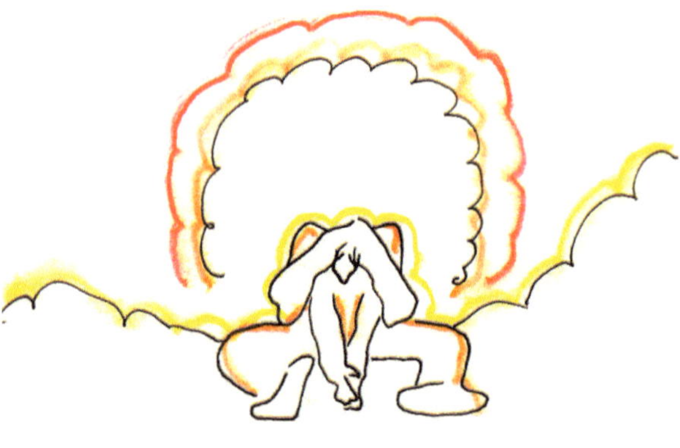

War das angenehm.

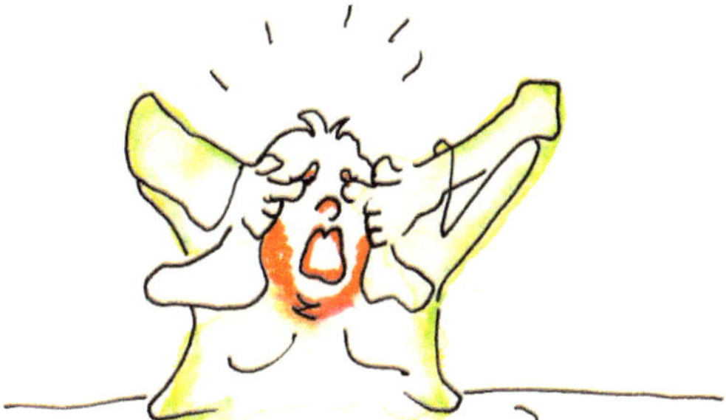

Was war los?
Wo war ich bloß?

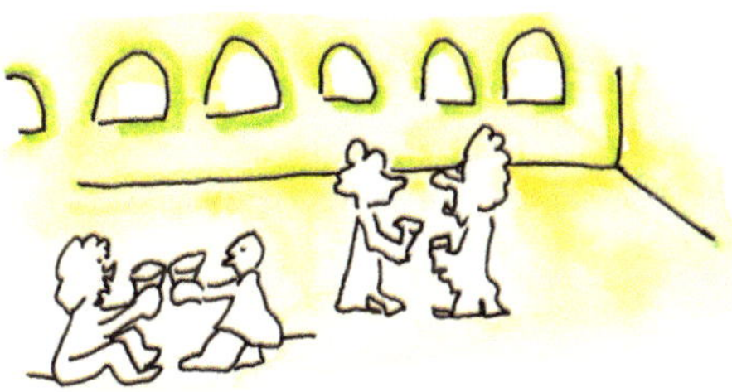

In der Stube lauter Leute
ist denn mein Geburtstag
heute?

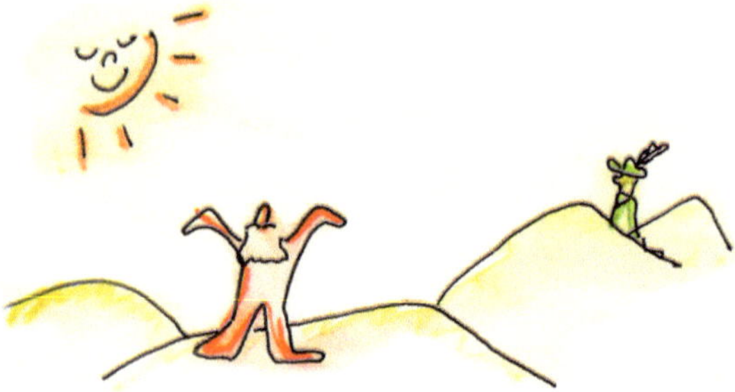

Jetzt am 9. Februar
beginnt für mich das
Lebensjahr.

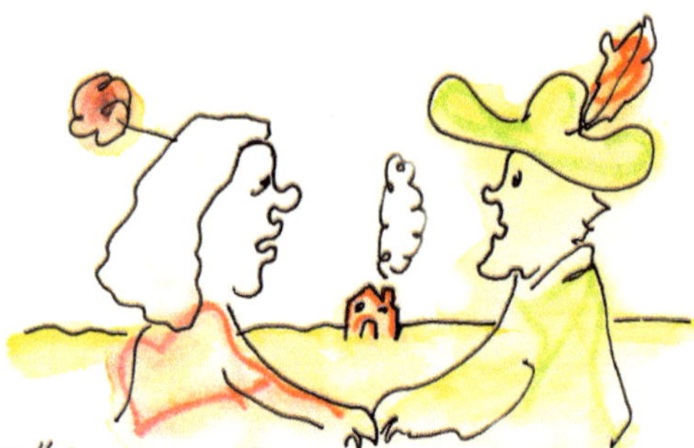

Trübsinn blasen ist vorbei
alles dreht sich um
uns zwei.

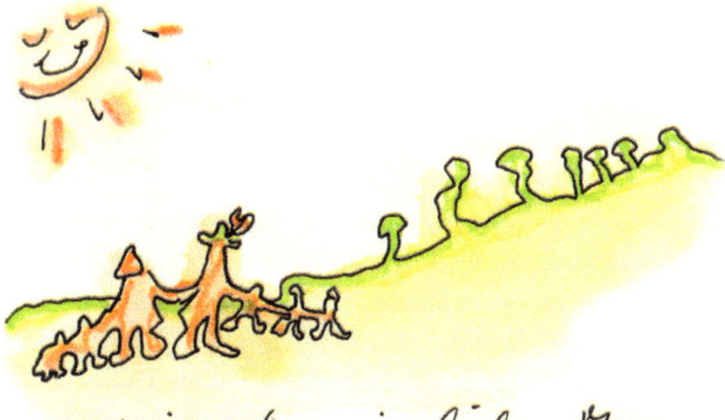

Ach ist das ein lieber Mann,
dieser Peter Pan.

JAI GURU DEV

❖ ❖ ❖

Händchen halten übers Meer

Atlantik, Sommer 1973

Ein Freund, der mit mir zusammen die Meditationskurse in Berlin-Fronau betreute, hatte sich im Grunewald in eine Amerikanerin verliebt, die ihm nicht aus dem Kopf gehen wollte, obwohl sie schon wieder nach Amerika zurückgeflogen war. Darum fragte er mich, ob ich ihm nicht eine kleine Bildgeschichte als Gruß an sie zeichnen könnte. Die Geschichte war etwas länger, als ich sie heute noch in Erinnerung habe, aber im Kern ging es um

Händchen halten übers Meer

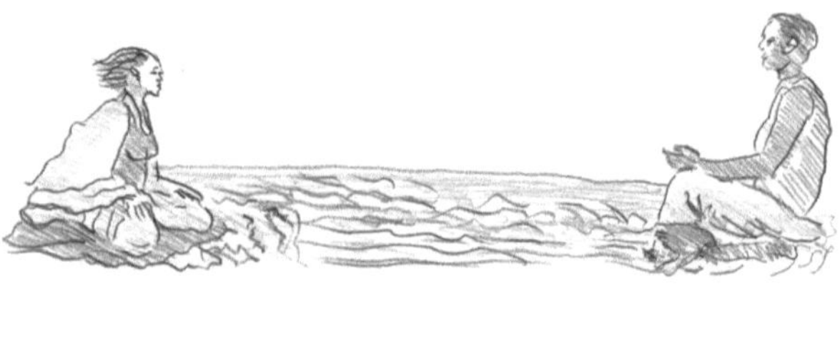

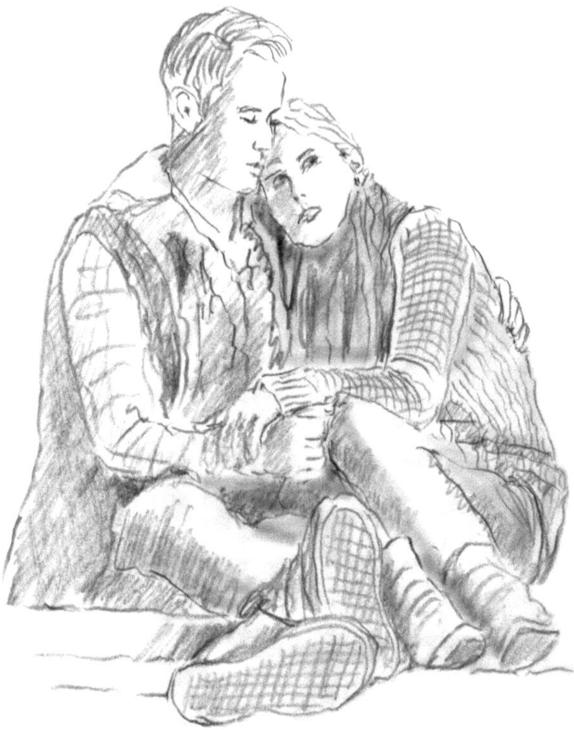

An der Krummen Lanke
kamen wir uns nah.
Danke, liebe Wendy,
für alles, was geschah.

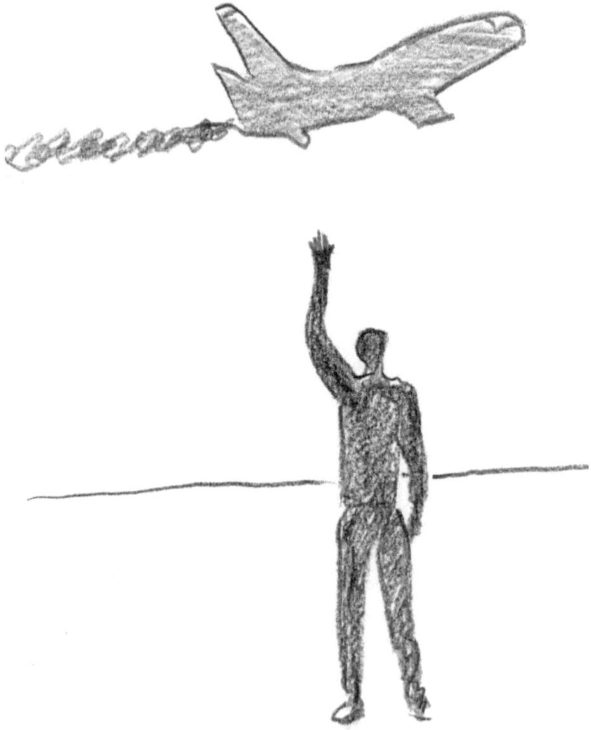

Schließlich schlug die Stunde,
da musstest du zurück,
und in weite Ferne
flog mein süßes Glück,

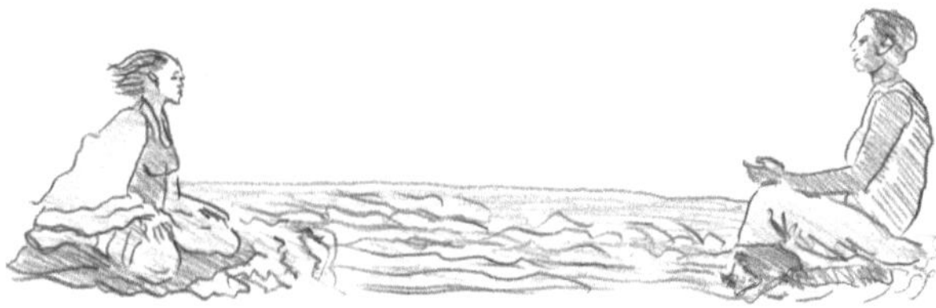

Doch wenn ich meditiere
und die weite Ferne
transzendiere,
dann spüre ich dich so sehr

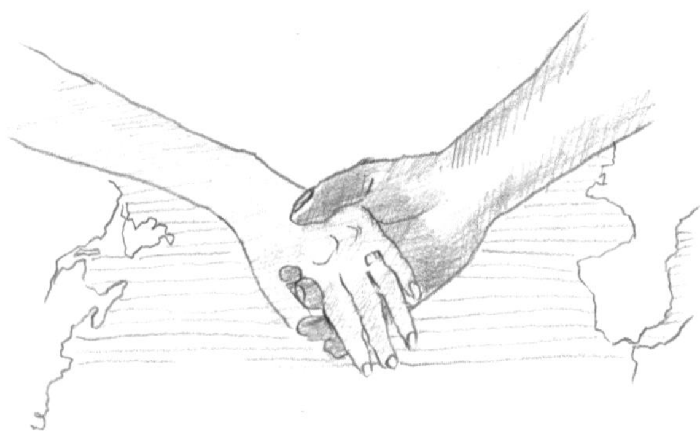

und wir halten
wieder Händchen
übers weite Meer.

❖ ❖ ❖

Im Kotten

Hunteburg, Schwege 144, im Mai 1974

Ein befreundeter Berliner Fotograf hatte das Leben in der Großstadt satt und zog mit Frau und Kind ins Grüne, wo sein Sohn im Landkreis Osnabrück in der Natur aufwachsen konnte. Er kaufte sich einen Kotten, ein reetgedecktes Haus mit Ställen und Scheune, das er als wohnliches Heim mit selbst gemauertem Backofen renovierte. Als ich mit meinem Kollegen auf der Durchreise von Luxemburg nach Berlin bei ihm übernachten wollte, meinte er: »Bleibt doch hier. Was wollt ihr denn in der Großstadt?«

Und wir blieben. Und nicht nur wir. Immer mehr alte Berliner Freunde trudelten ein und blieben. Wir schliefen über der Scheune im Obergeschoss, das wir mit einer Leiter erreichten, andere füllten die Scheune und die früheren Ställe, und das gesellige Leben fand in der Küche statt, die nach frischgebackenem Brot duftete. Irgendwann sagte Vera, die Hausfrau: »Du machst doch Kinderbücher. Mal doch mal eins.«

Nun hatte ich zwar meinen Aquarellkasten dabei, aber keine Tuschefedern.

Also schrieb und malte ich direkt mit der Tuschepatrone. Eine Woche lang lief ich ums Haus, malte es zu unterschiedlichen Tages- und Nachtzeiten von vorne und von hinten, und beim Ausmalen in der Küche am warmen Backofen sahen mir alle Gäste über die Schulter, sangen, spielten Gitarre und tranken Rotwein oder Pfefferminztee.

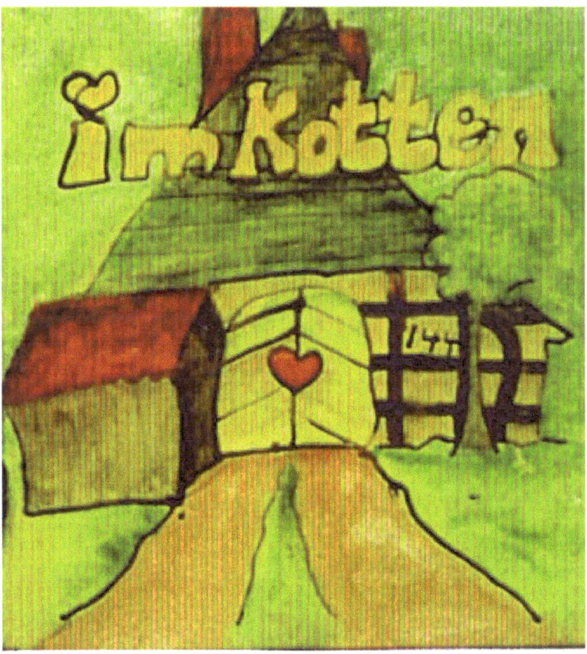

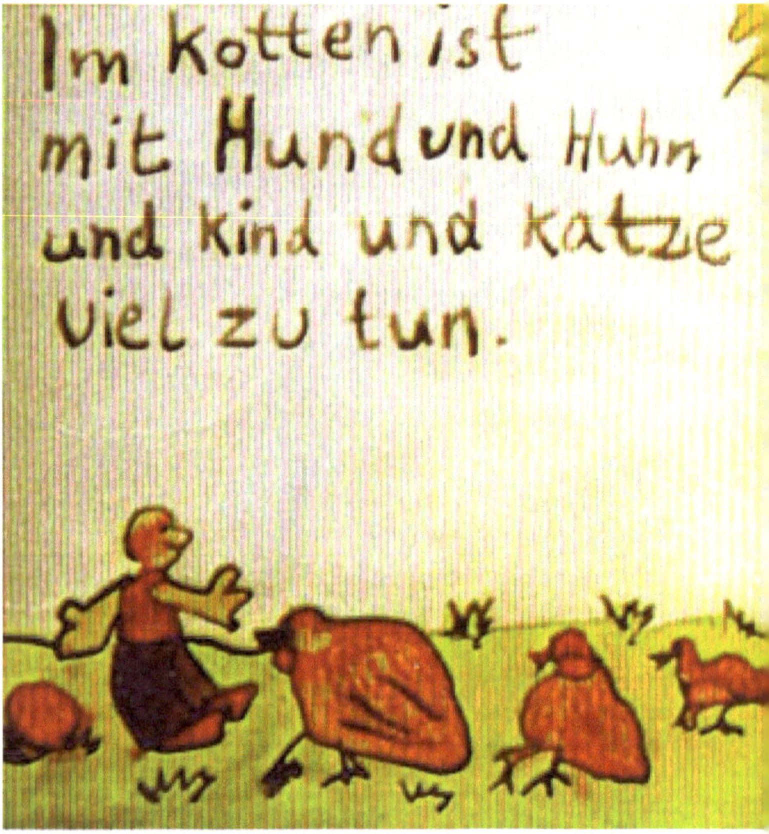
Im kotten ist
mit Hund und Huhn
und kind und katze
viel zu tun.

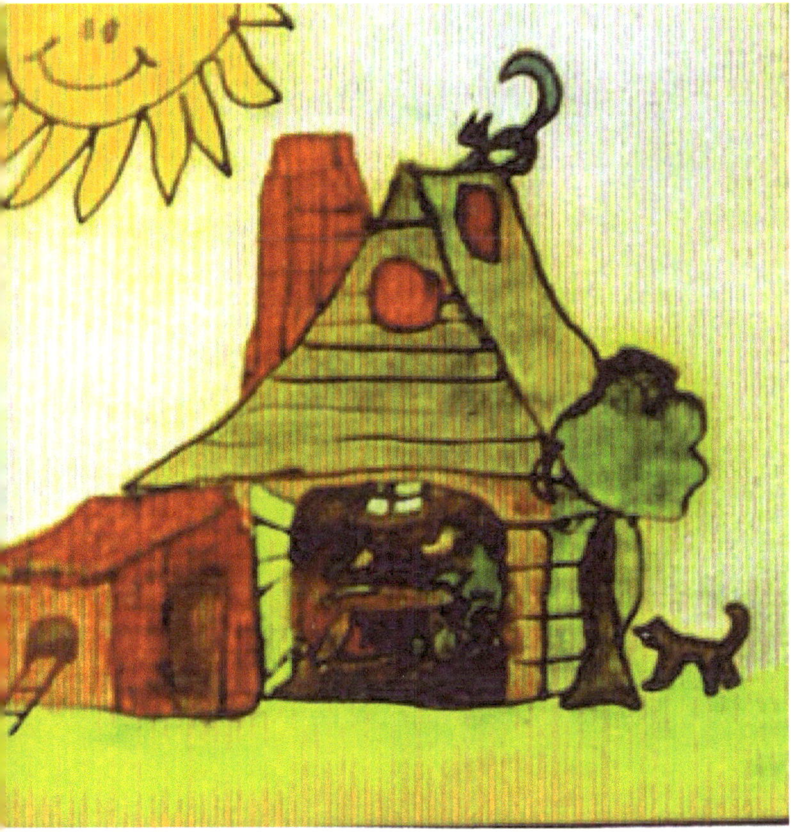

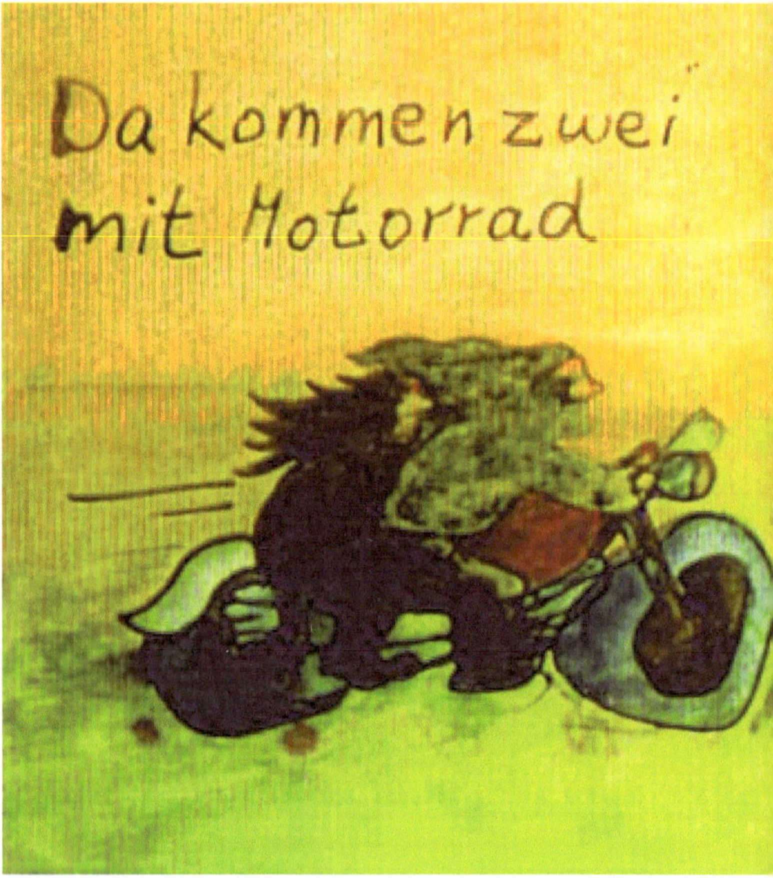
Da kommen zwei
mit Motorrad

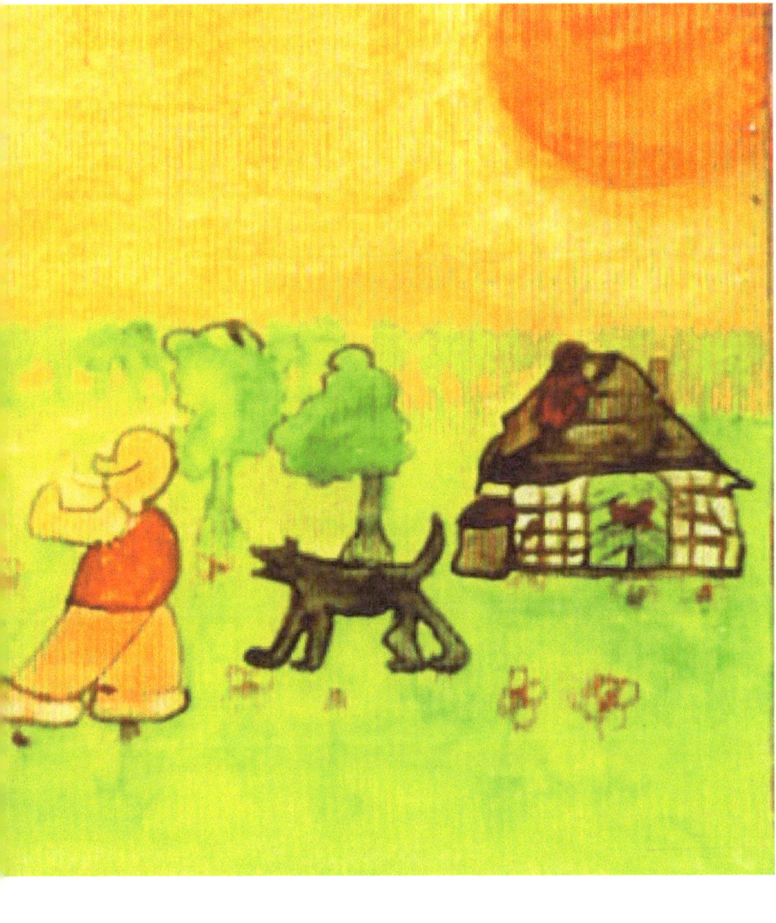

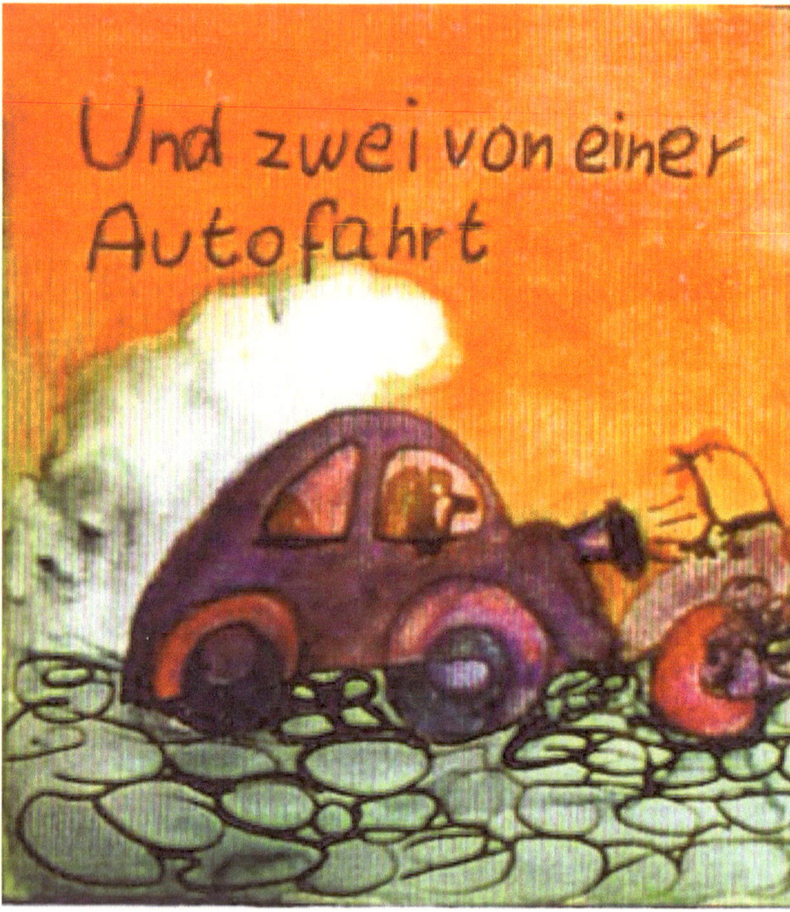
Und zwei von einer
Autofahrt

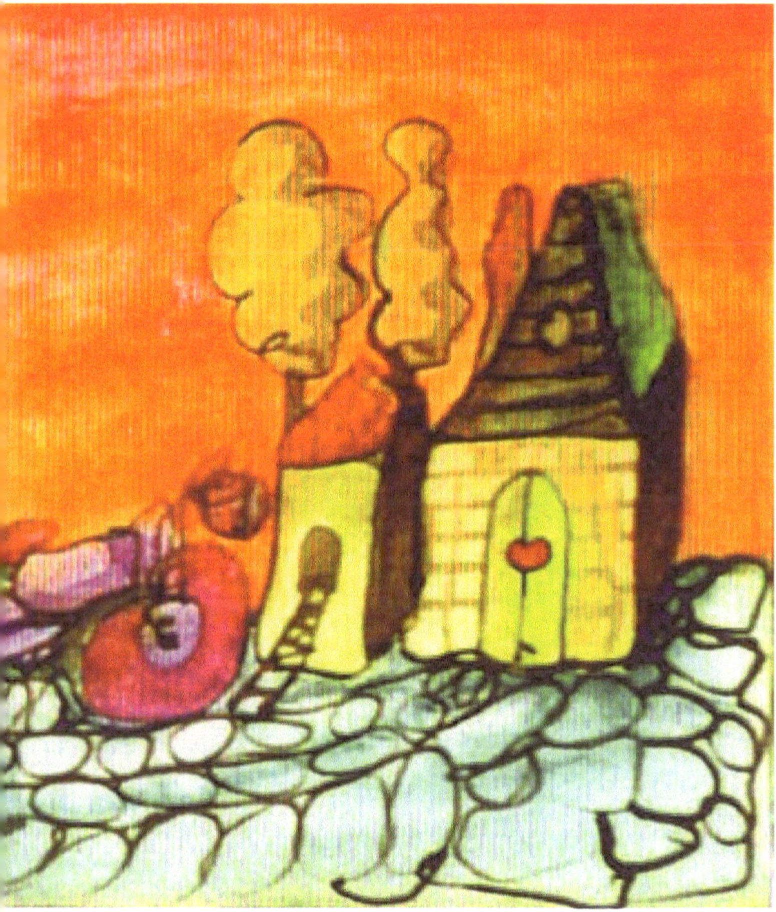

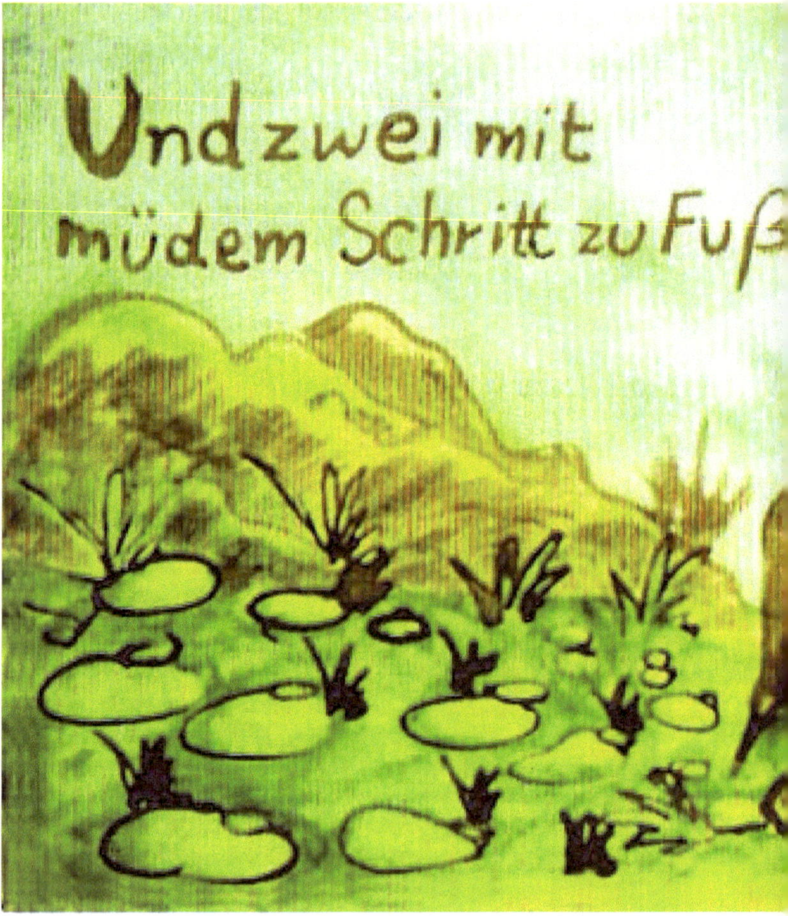
Und zwei mit
müdem Schritt zu Fuß

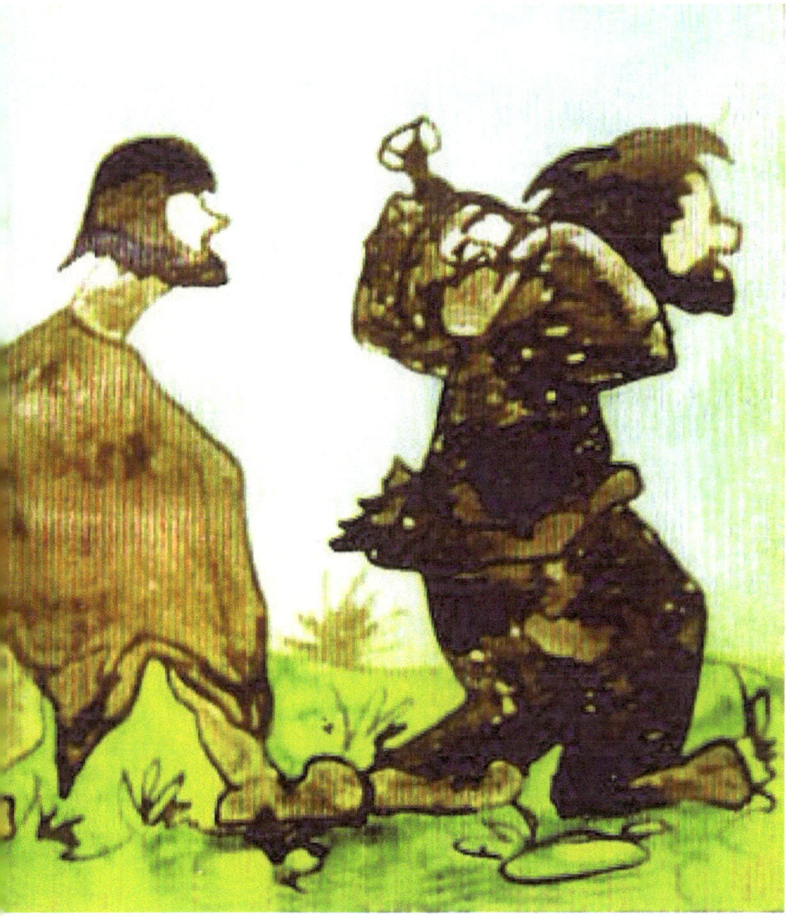

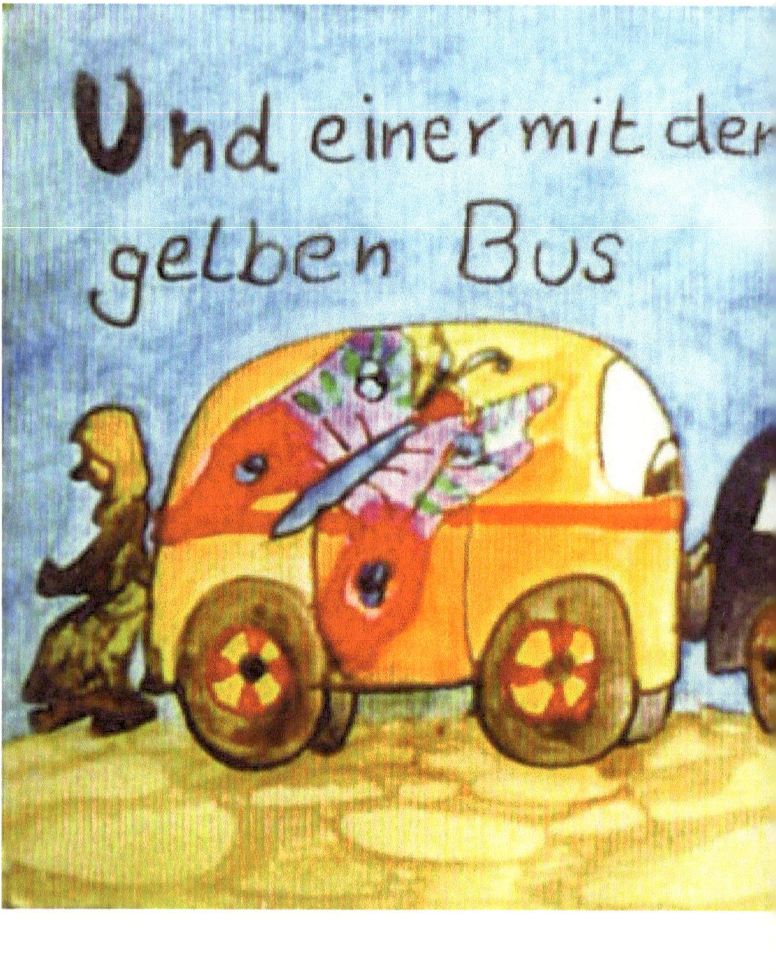
Und einer mit der
gelben Bus

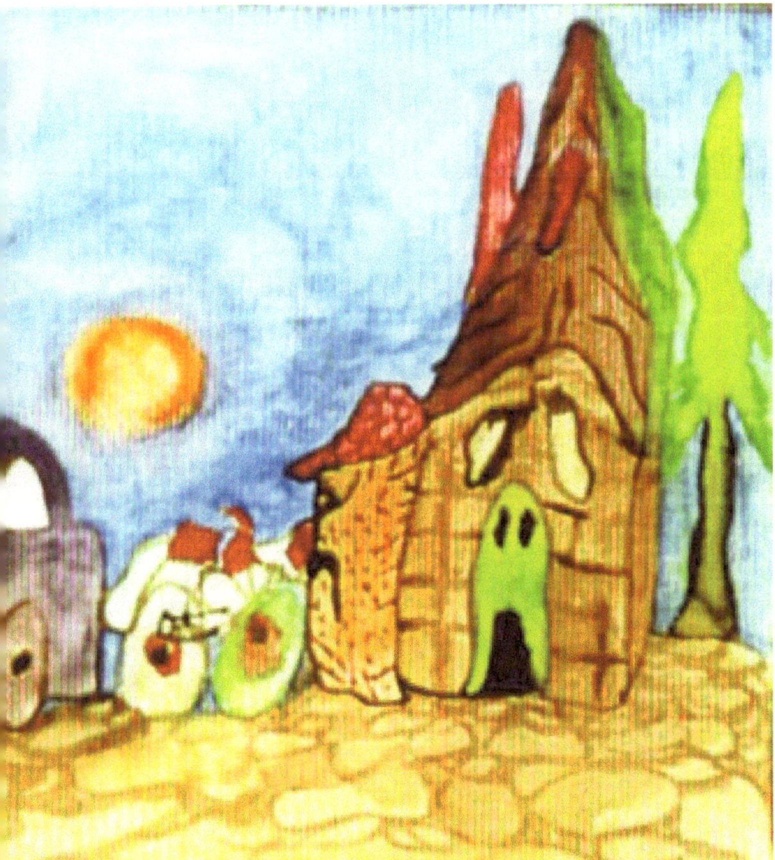

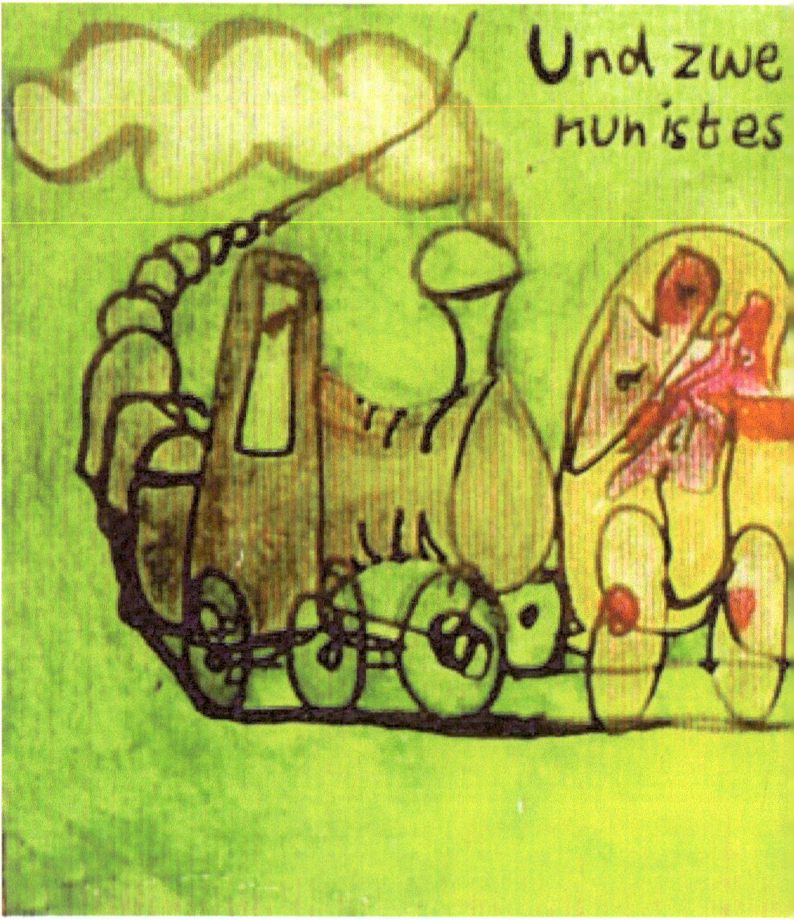
Und zwe
nun istes

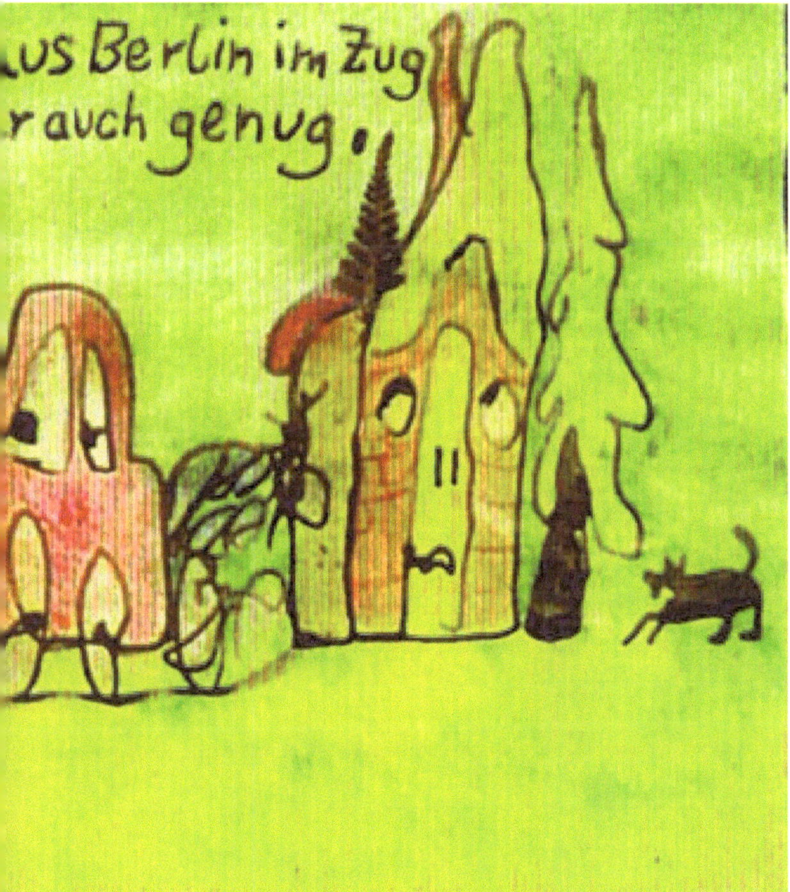

us Berlin im Zug
r auch genug.

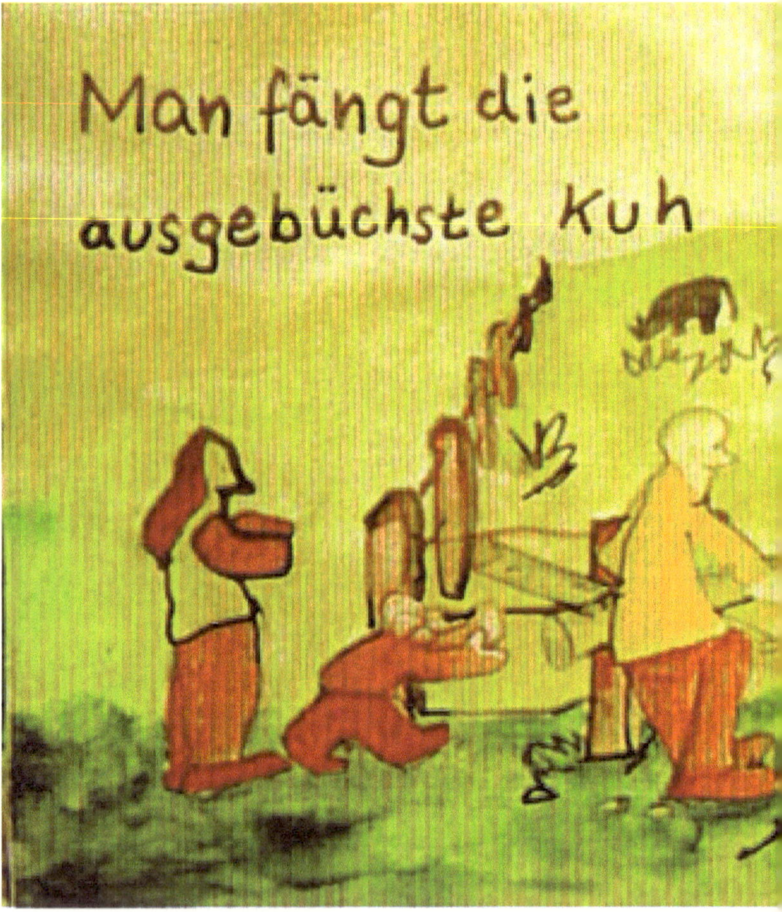
Man fängt die
ausgebüchste Kuh

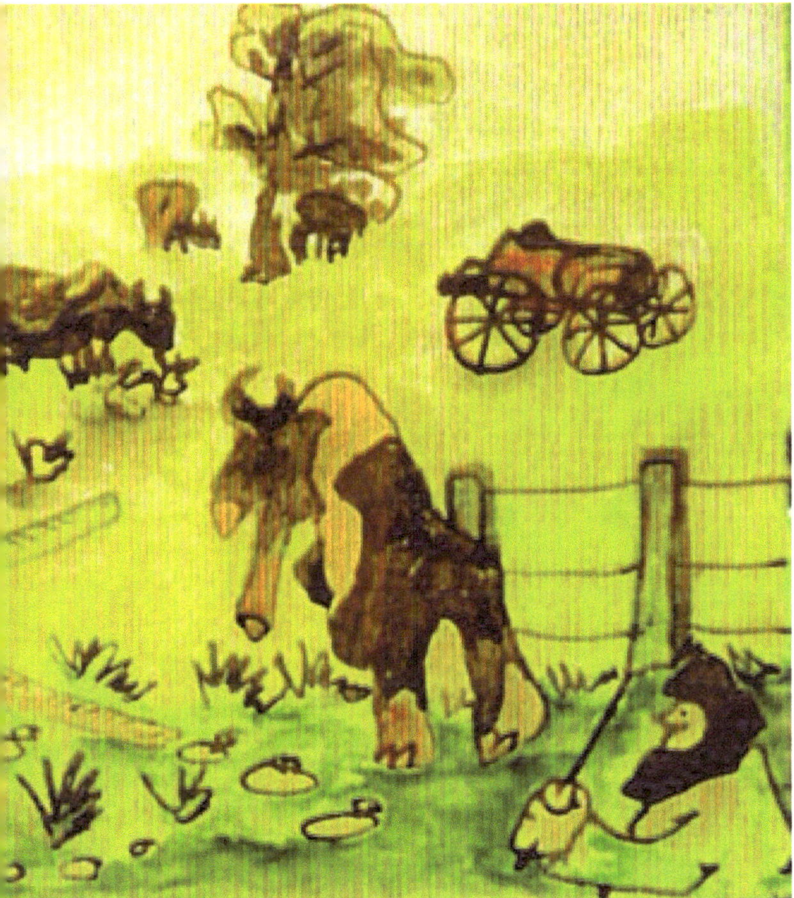

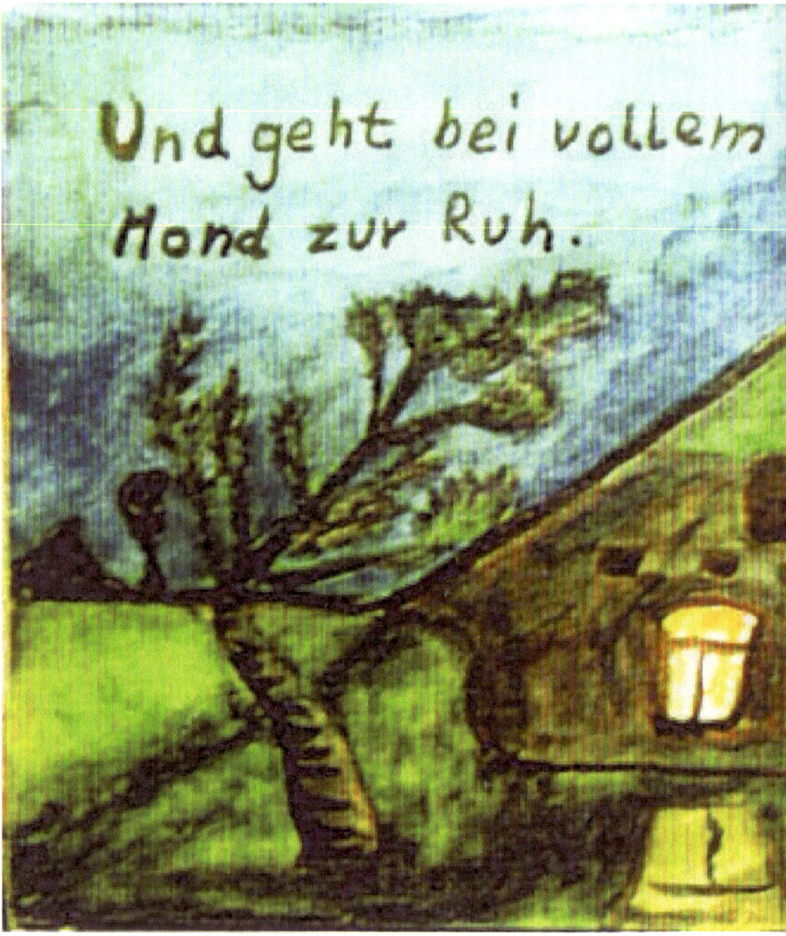
Und geht bei vollem
Mond zur Ruh.

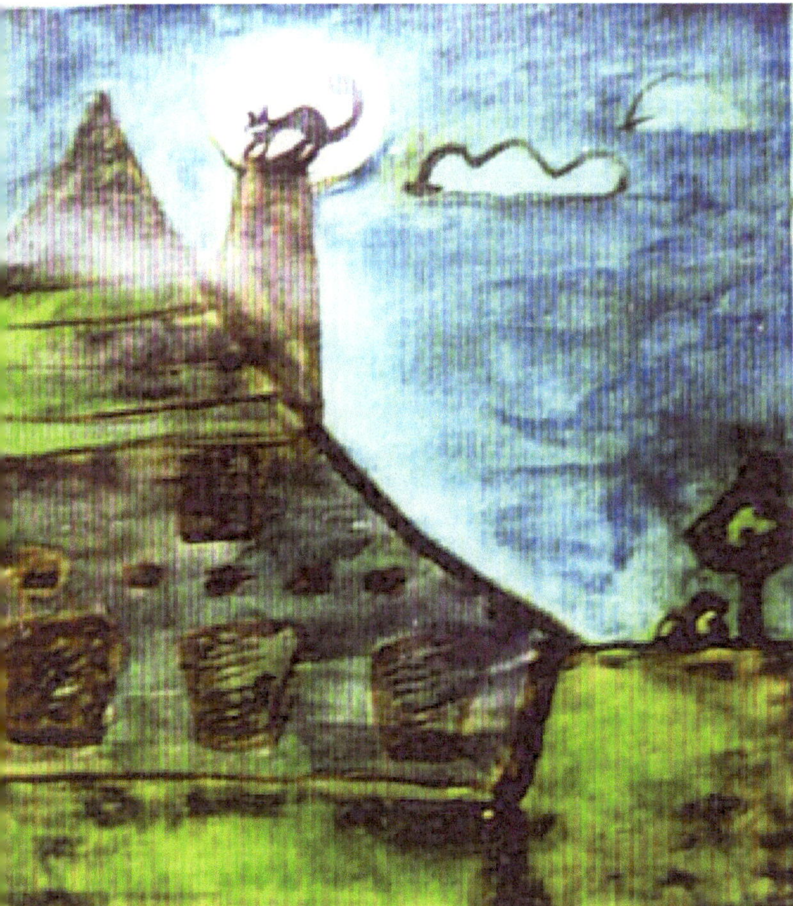

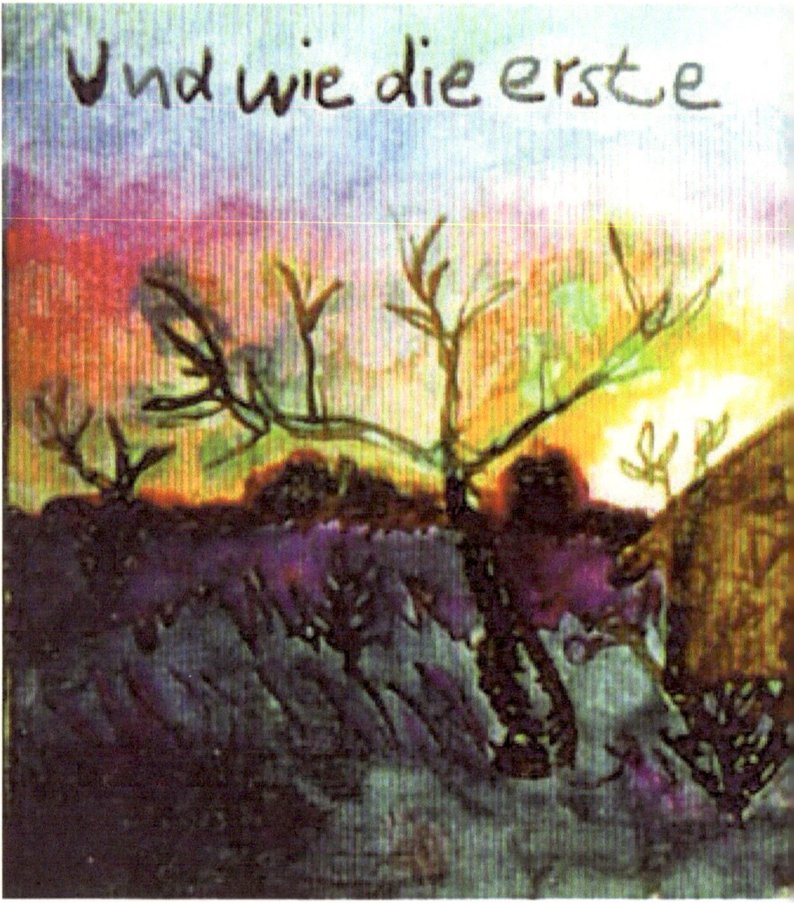
Und wie die erste

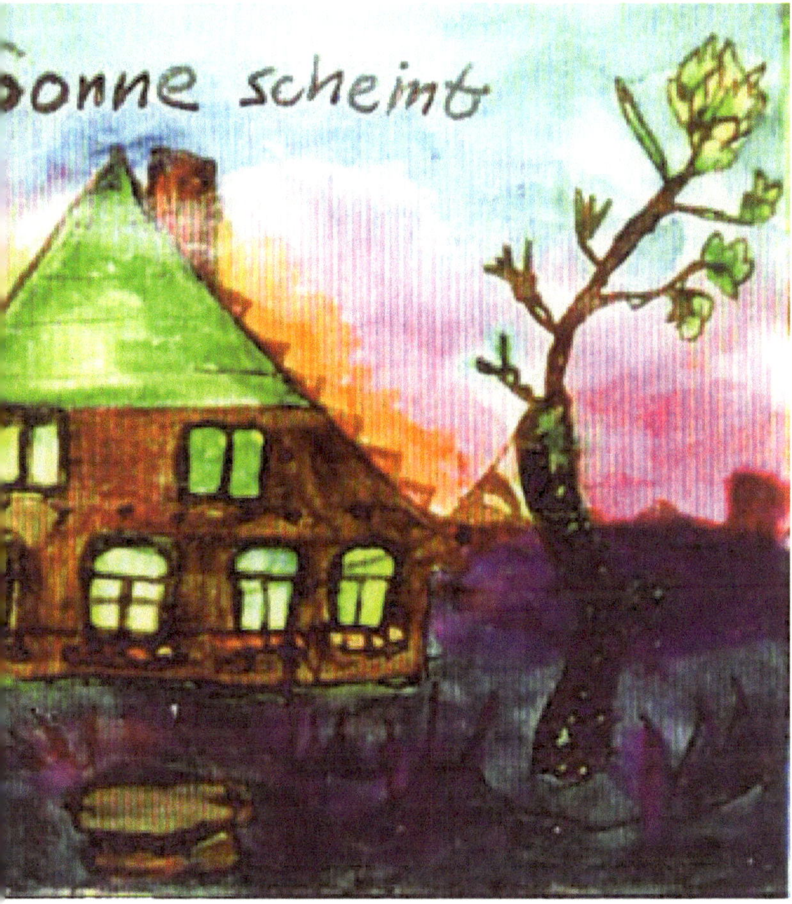
onne scheint

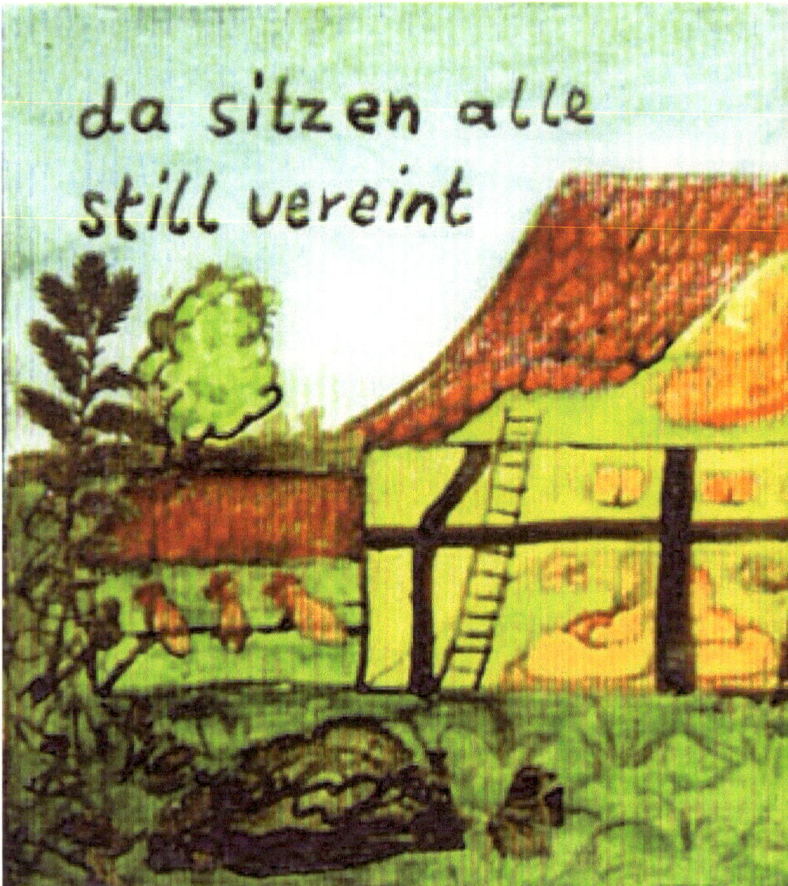
da sitzen alle
still vereint

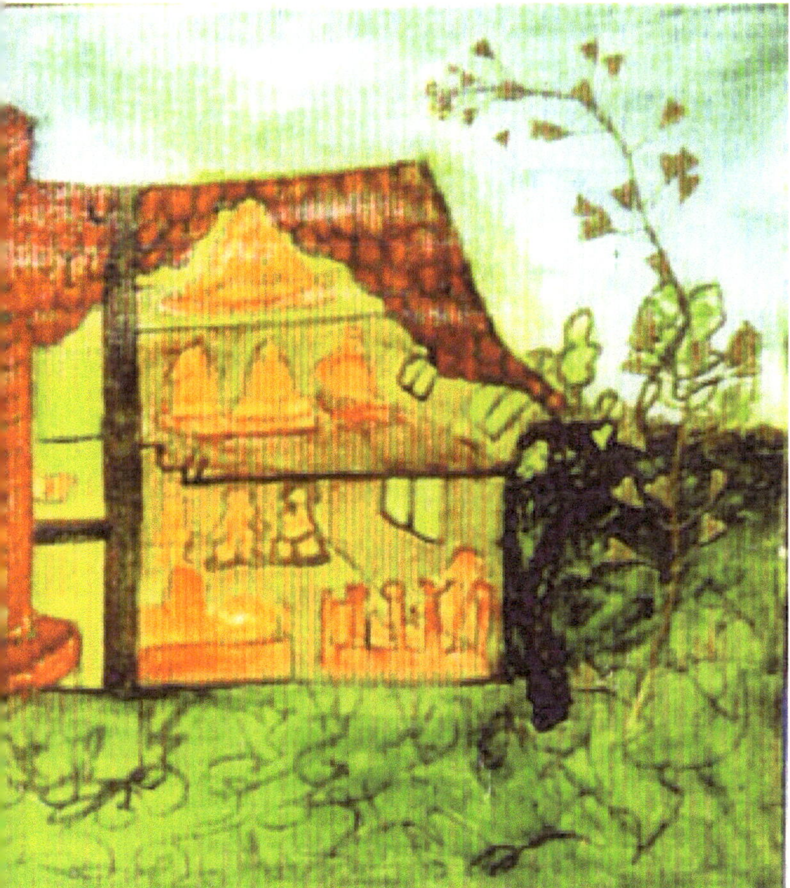

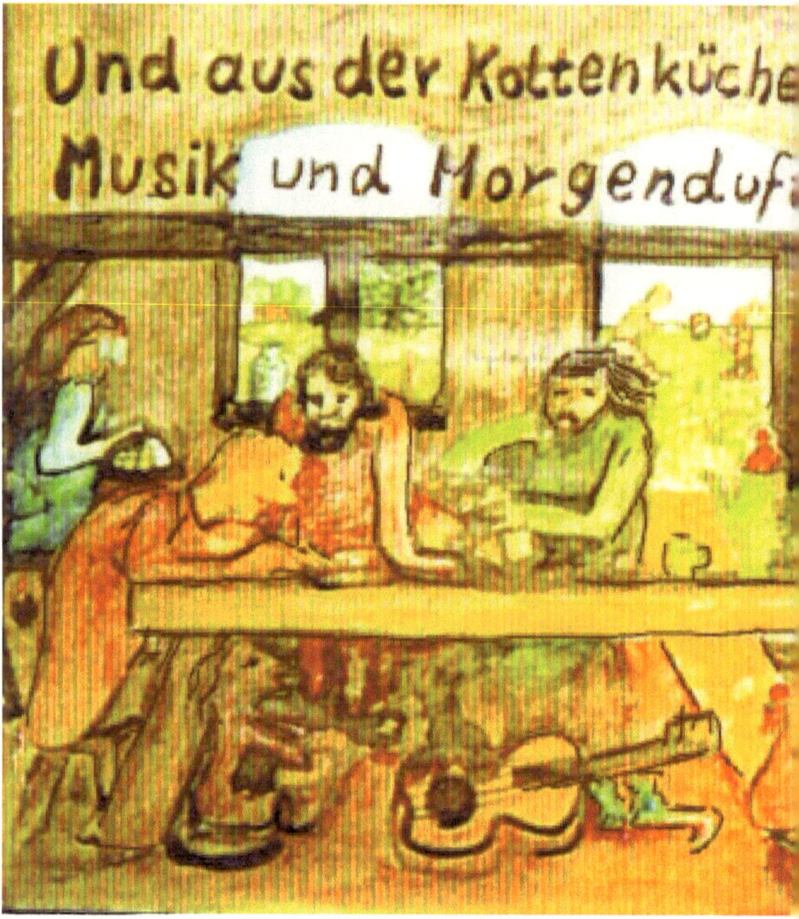
Und aus der Kottenküche
Musik und Morgenduf

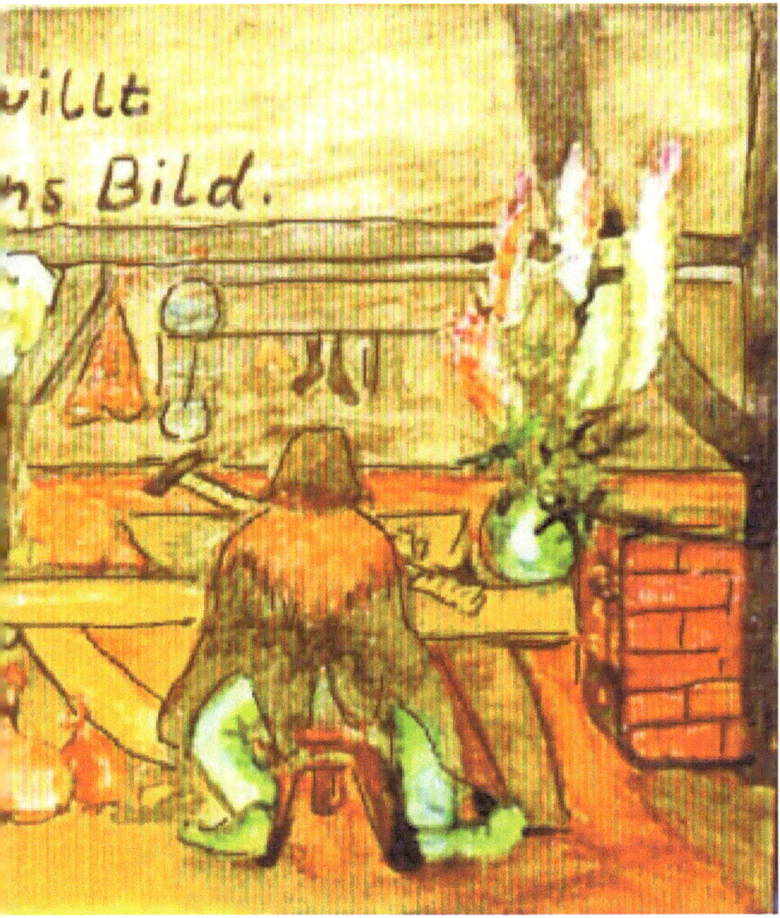
willt
ns Bild.

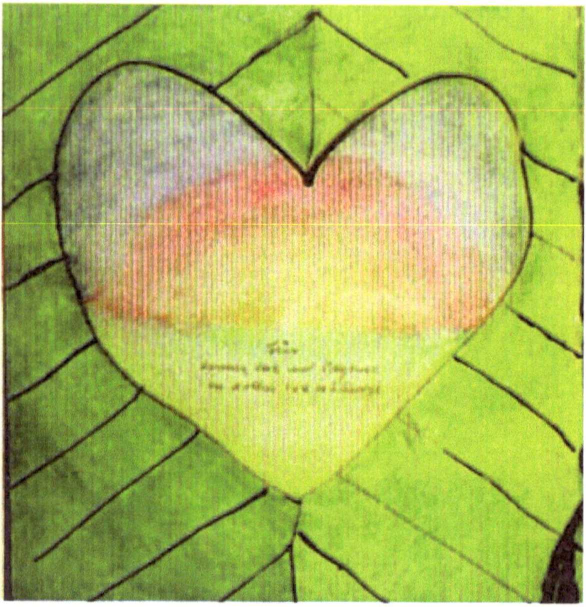

❖ ❖ ❖

Von diesem Kotten aus haben mein Freund und ich dann im weiten Umkreis von 200 km Vorträge und Kurse zur Transzendentalen Meditation gehalten. Wenn wir zum Vortrag in ein Gymnasium aufbrachen, klopfte uns Hannes, der Hauswirt, das Stroh von den Anzugjacken und sagte: »Die Gurus gehen wieder auf Mission, da müssen sie ordentlich aussehen.«

Das Schlangenseil

Berlin, Februar 1975

Im TM-Center Berlin wird ein Kinderfest gefeiert. Ich werde eingeladen, etwas zur Unterhaltung beizutragen, und entschließe mich, das Gleichnis aus der vedischen Tradition vom Seil, das aus Angst und Unwissenheit für eine Schlange gehalten wird, als Schattenspiel mit lebenden Menschenschatten aufzuführen.

Dazu werden zwei zusammengenähte Bettlaken als Schattenwand aufgehängt, auf der wir den Schatten eines feinen Bürgers durch eine sonnige Wüstenlandschaft wandern sehen. Der Himmel verdunkelt sich, es blitzt und donnert, und plötzlich sieht er im Wüstensand etwas liegen, was sich im klatschenden Regen wie eine Schlange windet, sodass er zu Tode erschrickt.

So beginnt die Geschichte, die ich zur Melodie »Das ist der Schinderha-hannes, der Lumbehund, der Galgestrick« vorgetragen und vorher als Storyboard in briefmarkengroßen Bildern skizziert habe.

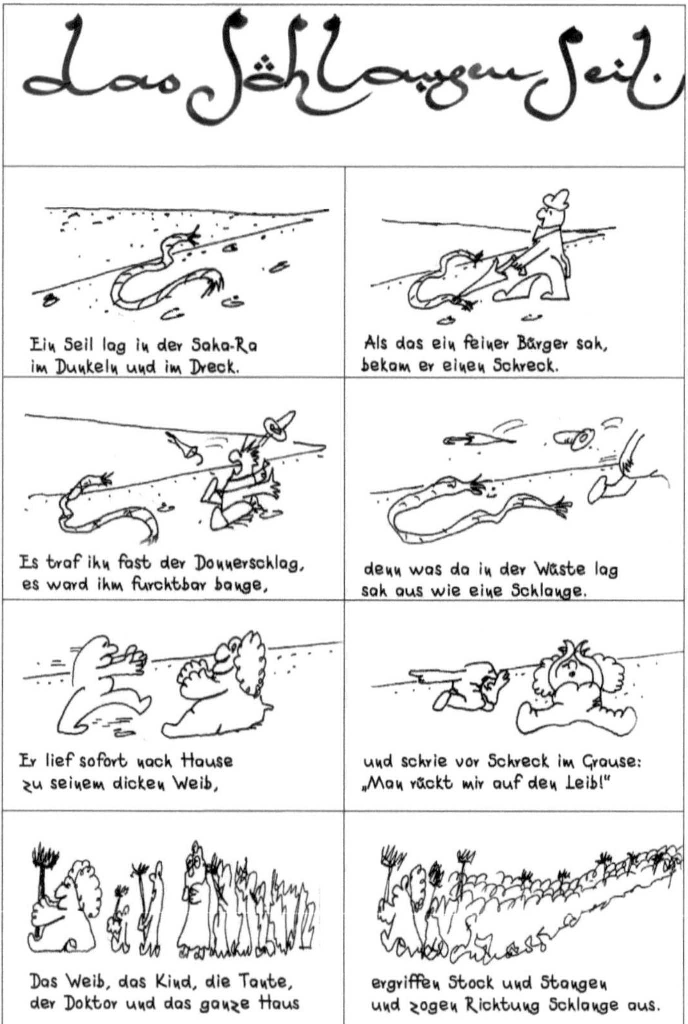
Das Schlangen Seil.
Ein Seil lag in der Saha-Ra
im Dunkeln und im Dreck.
Als das ein feiner Bürger sah,
bekam er einen Schreck.
Es traf ihn fast der Donnerschlag,
es ward ihm furchtbar bange,
denn was da in der Wüste lag
sah aus wie eine Schlange.
Er lief sofort nach Hause
zu seinem dicken Weib,
und schrie vor Schreck im Grause:
„Man rückt mir auf den Leib!"
Das Weib, das Kind, die Tante,
der Doktor und das ganze Haus
ergriffen Stock und Stangen
und zogen Richtung Schlange aus.

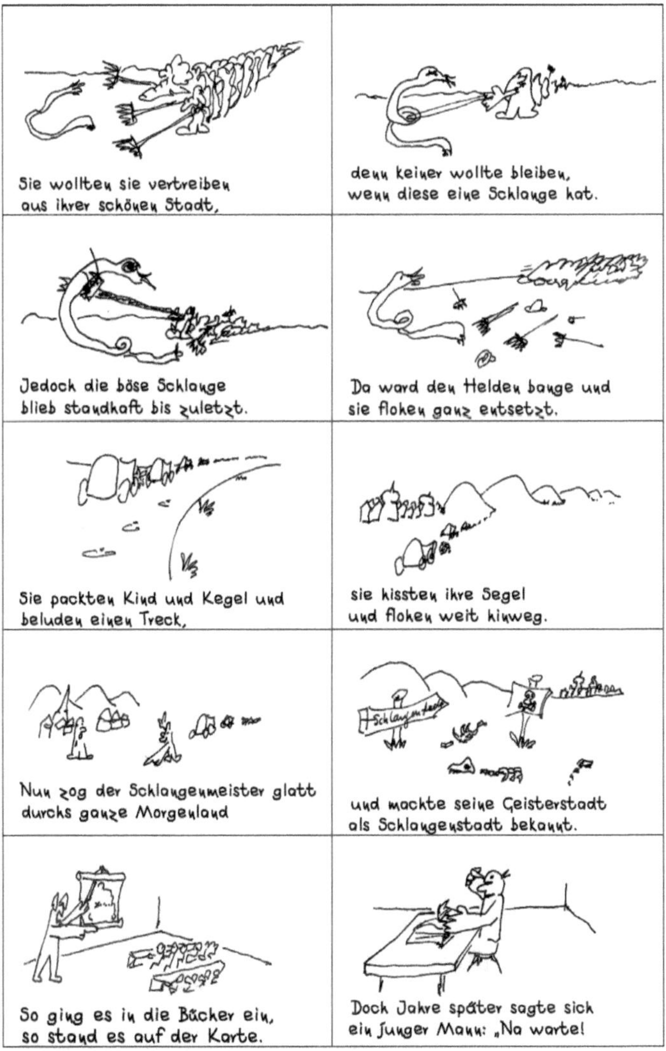
Sie wollten sie vertreiben
aus ihrer schönen Stadt,
denn keiner wollte bleiben,
wenn diese eine Schlange hat.
Jedoch die böse Schlange
blieb standhaft bis zuletzt.
Da ward den Helden bange und
sie flohen ganz entsetzt.
Sie packten Kind und Kegel und
beluden einen Treck,
sie hissten ihre Segel
und flohen weit hinweg.
Nun zog der Schlangenmeister glatt
durchs ganze Morgenland
und machte seine Geisterstadt
als Schlangenstadt bekannt.
So ging es in die Bücher ein,
so stand es auf der Karte.
Doch Jahre später sagte sich
ein junger Mann: „Na warte!

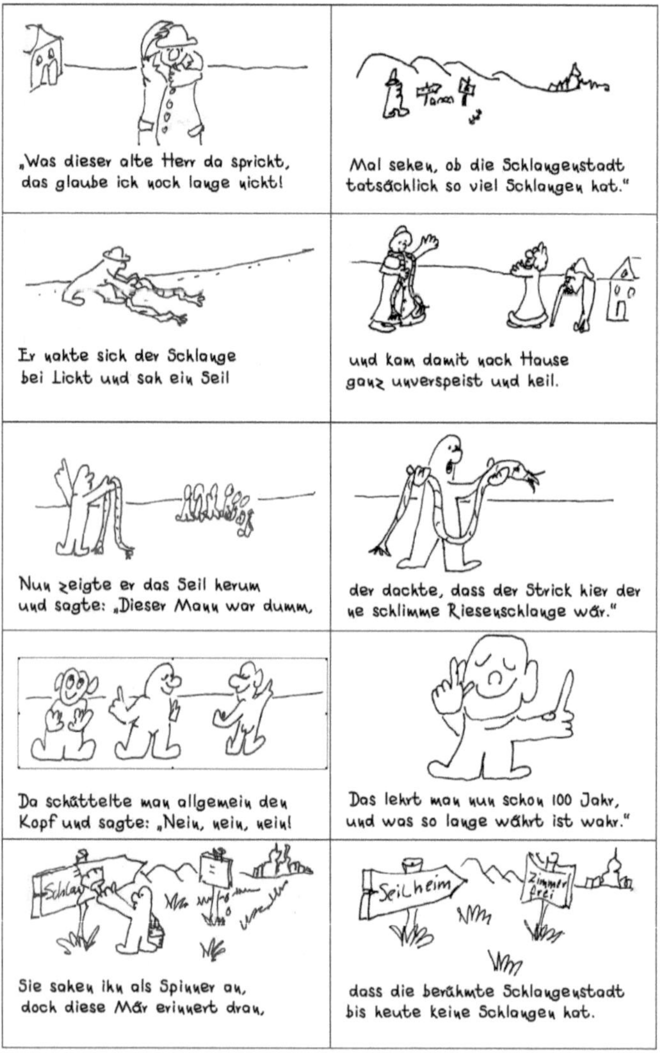
„Was dieser alte Herr da spricht,
das glaube ich noch lange nicht!
Mal sehen, ob die Schlangenstadt
tatsächlich so viel Schlangen hat."
Er nahte sich der Schlange
bei Licht und sah ein Seil
und kam damit nach Hause
ganz unverspeist und heil.
Nun zeigte er das Seil herum
und sagte: „Dieser Mann war dumm,
der dachte, dass der Strick hier der
ne schlimme Riesenschlange wär."
Da schüttelte man allgemein den
Kopf und sagte: „Nein, nein, nein!
Das lehrt man nun schon 100 Jahr,
und was so lange währt ist wahr."
Sie sahen ihn als Spinner an,
doch diese Mär erinnert dran,
Seilheim
Zimmer frei
dass die berühmte Schlangenstadt
bis heute keine Schlangen hat.

Die Haubenstelze

Berlin-Charlottenburg, Mai 1976

Mit der Liebe ist es so eine Sache. Eigentlich ... Ja, eigentlich war ich mit mir selbst ganz zufrieden und hatte nicht mehr vor, mich noch einmal in die Nesseln zu setzen und mir die Finger zu verbrennen.

Aber dann ... Da kam doch so ein junges Ding in unser Meditationscenter in der Tauentzienstraße, schnabulierte und scherzte munter drauf los und duftete nach Flieder, und als ich Berlin verließ, kam sie zum Bahnhof und umarmte mich und schenkte mir zum Abschied ein weißes Taschentuch mit Blümchenstickerei, das noch wochenlang nach Flieder duftete ...

Ja, manchmal sind es solche schlichten Kleinigkeiten, die uns den Kopf verdrehen, bis der Geist immer um dasselbe Thema kreist. Um meinen Gefühlen etwas Luft zu machen, schickte ich ihr schließlich folgende Bildgeschichte.

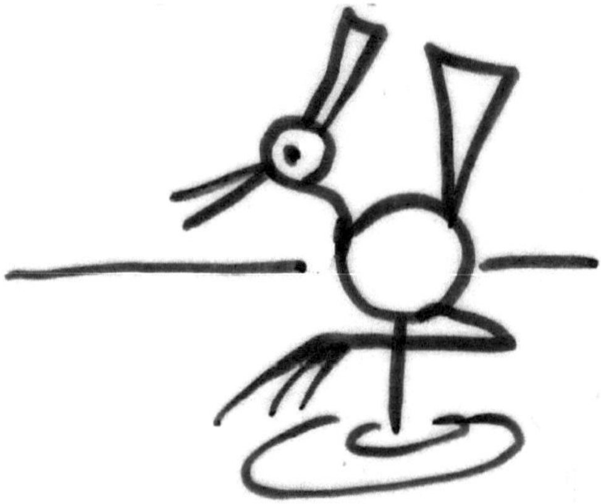

Die Haubenstelze

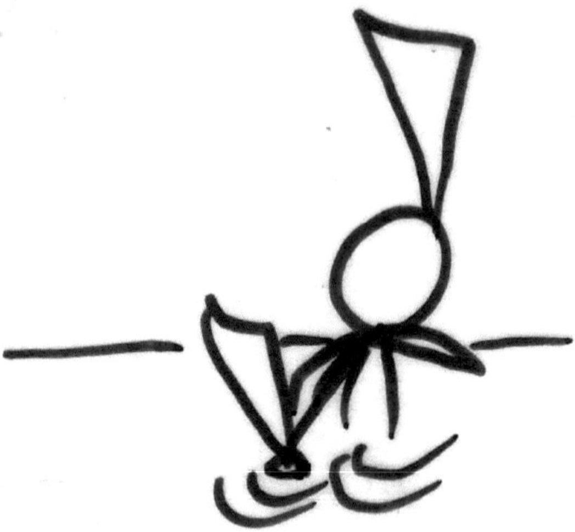

lebt am See,

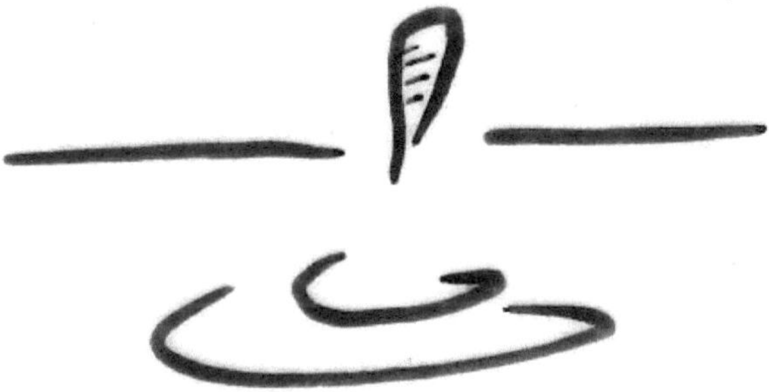

tief innen drin

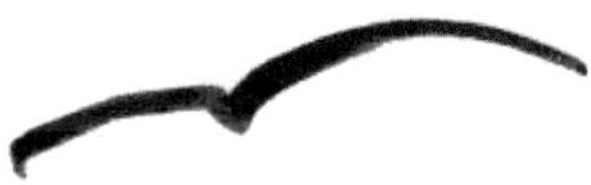

und in der Höh.

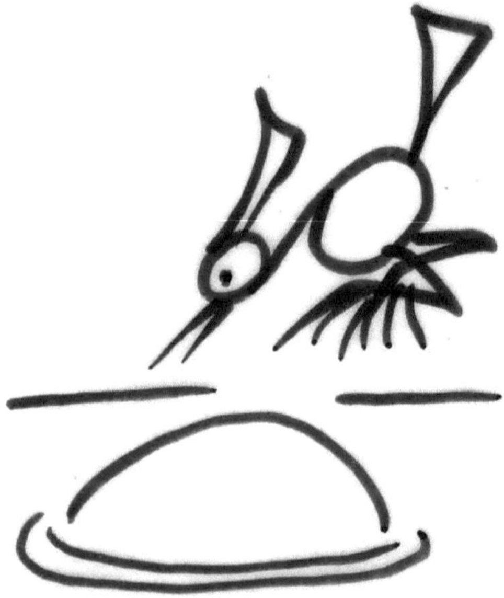

Und eines Tages setzt sie sich

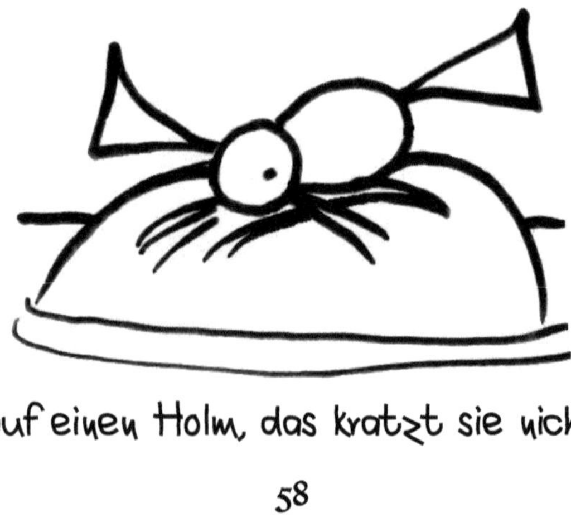

auf einen Holm, das kratzt sie nicht.

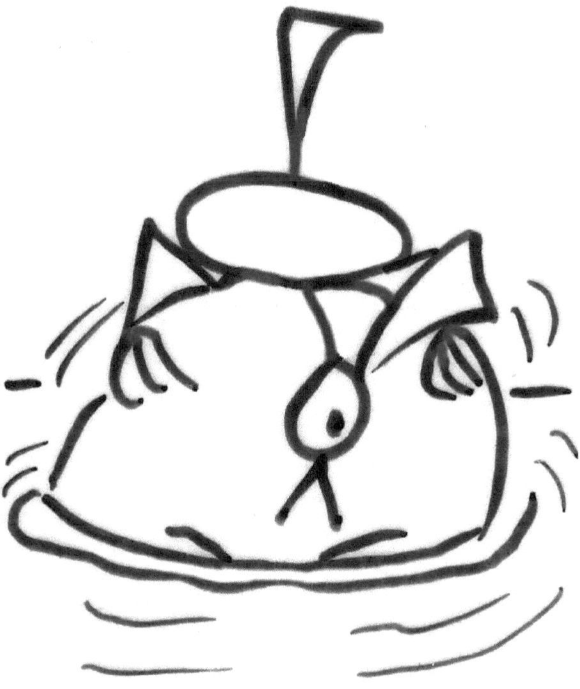

Der Holm im Innern aber spürt:

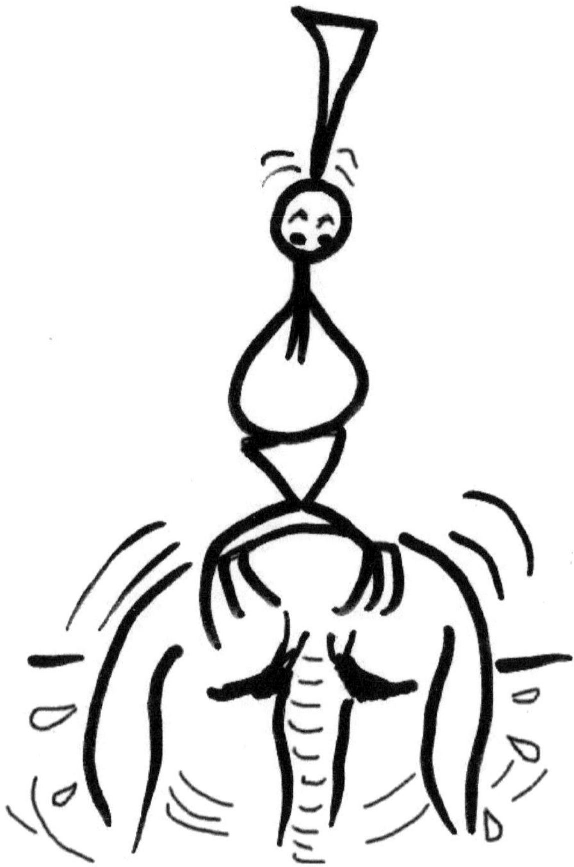

Da kitzelt was,
und ist berührt.

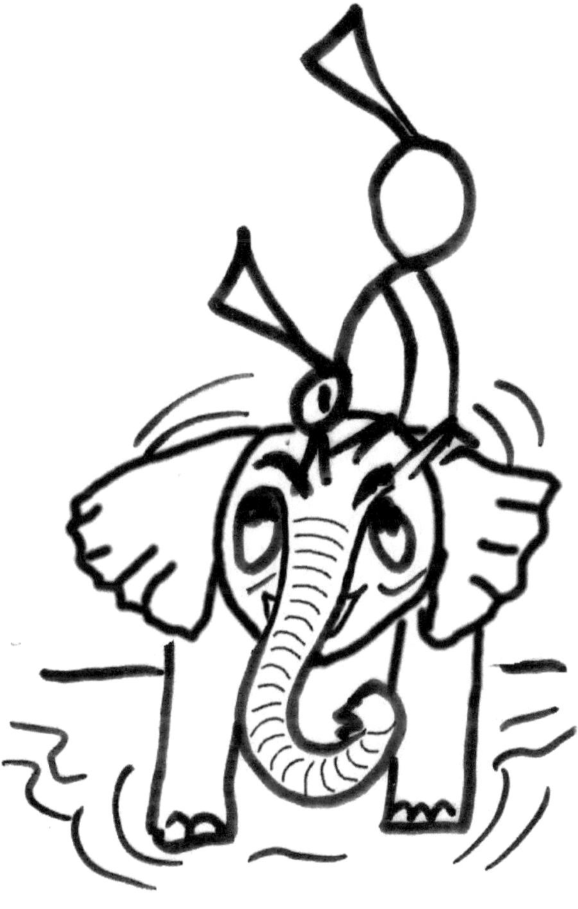

Für Jahre lag er still im See,

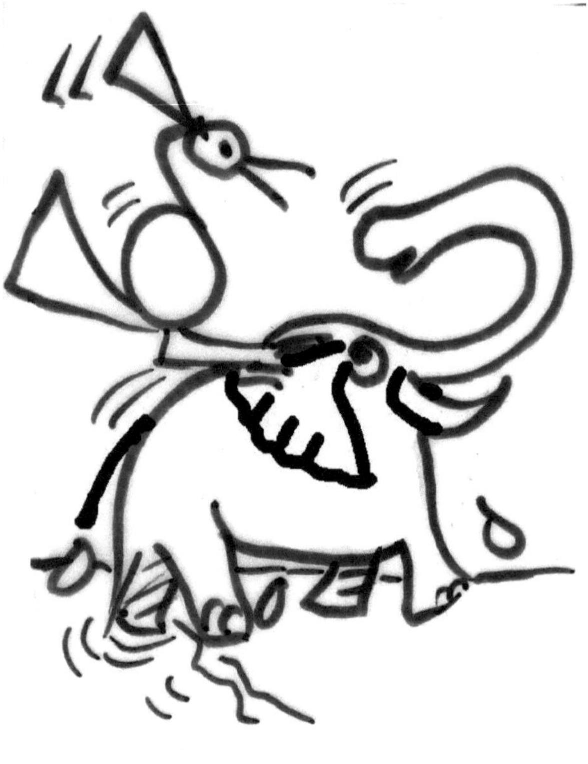

doch so was bringt ihn in die Höh.

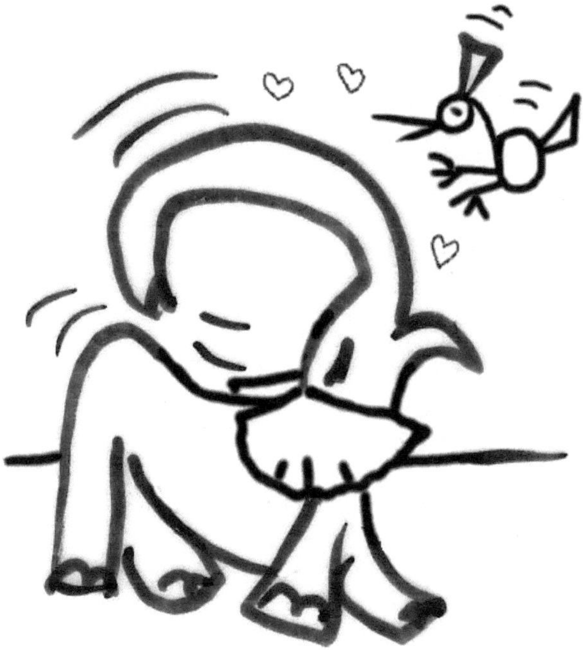

Denn dieses Kitzeln
auf dem Rücken.

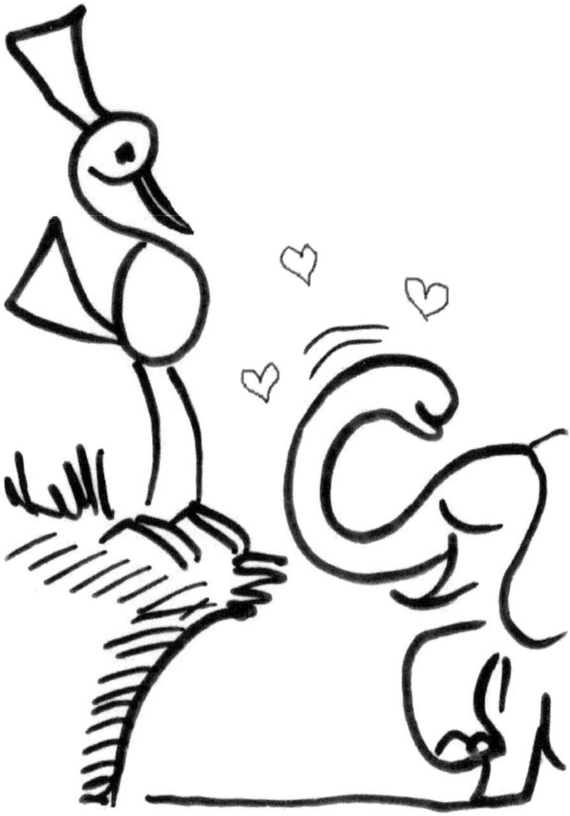

das bringt ihn einfach
zum Entzücken,

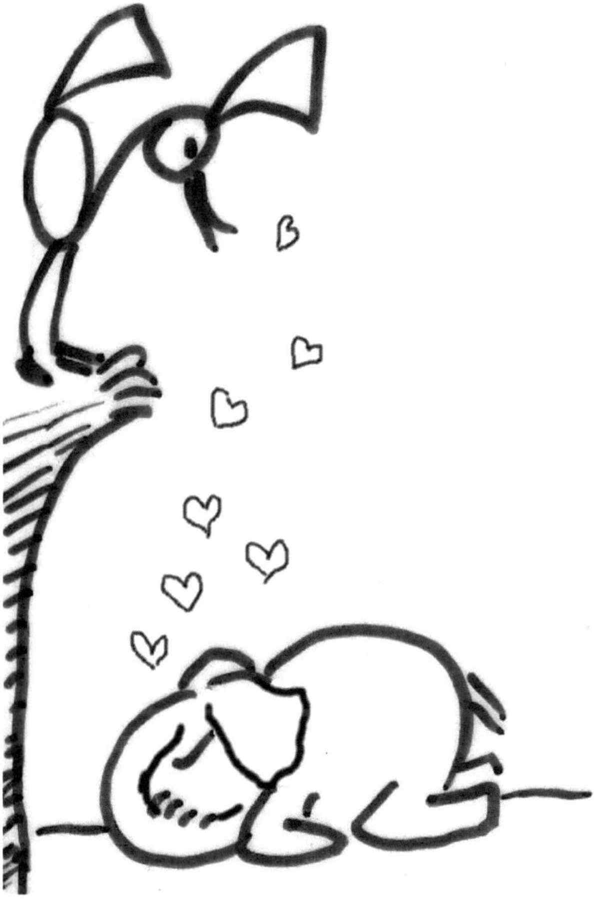

Die Haubenstelze,
leicht verletzt:

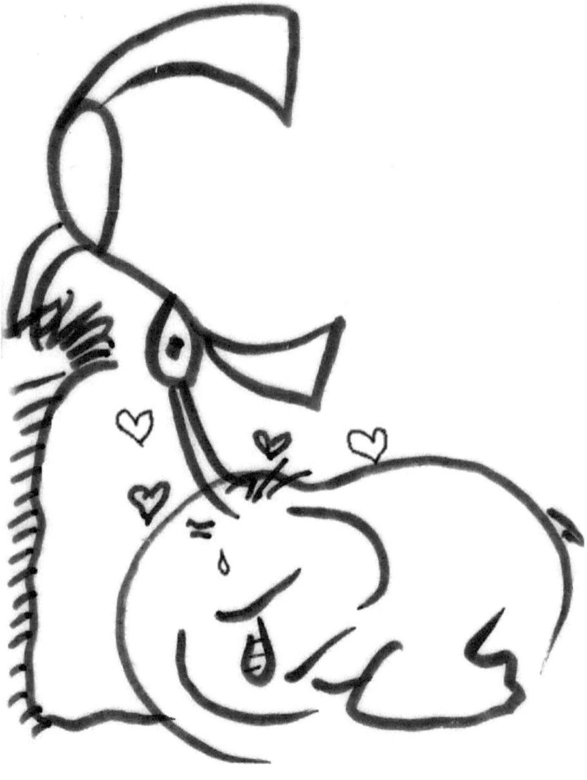

»Ich hab mich doch
bloß hingesetzt!«

Du bist leer

Madras, Kalki Gardens, August 1981

Mit einer Gruppe von deutschen TM-Lehrern fahre ich in Madras täglich in einem VW-Bus zu den Gymnasien von Madras, um auf Empfehlung des Bildungsministers alle Lehrer und Schüler in Transzendentale Meditation einzuführen. Dabei erleben wir den Unterschied zwischen indischen und deutschen Erziehungsmaßnahmen: Während der Puja, der vedischen Einweihungszeremonie, schlägt der Lehrer plötzlich einem Schüler streng auf die ausgestreckte Hand, mit der er etwas vom dem goldglitzernden Pujabesteck stibitzen wollte. Wenn wir als TM-Lehrer leise sagen: »Nun schließen wir die Augen«, starren uns alle Schüler weiterhin neugierig an. Sie schließen erst die Augen, wenn ihr Lehrer mit Donnerstimme brüllt: »Now close your eyes!«

Nur die Hitze macht mir zu schaffen. Denn bei über 40 Grad im Schatten bricht mein Kreislauf völlig zusammen und ich falle in eine tiefe Depression.

Janeks Bilderbogen

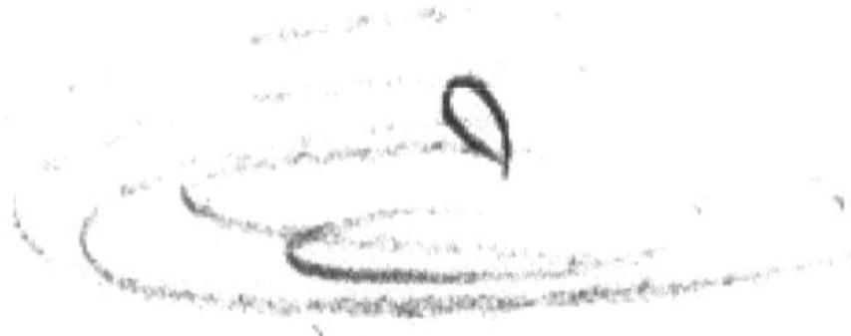

...Du bist leer

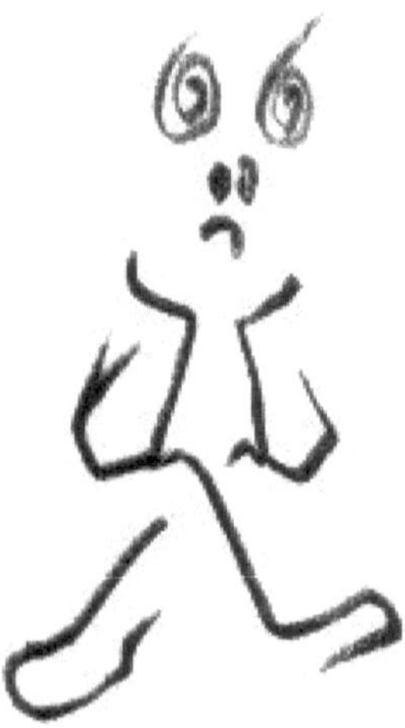

Manchmal
kommt es
mittendrin –
du kaust dein
Brot
und spürst
urplötzlich:
Deine Welt ist
tot.

Der Trost des
besten Freundes
bringt nichts mehr.

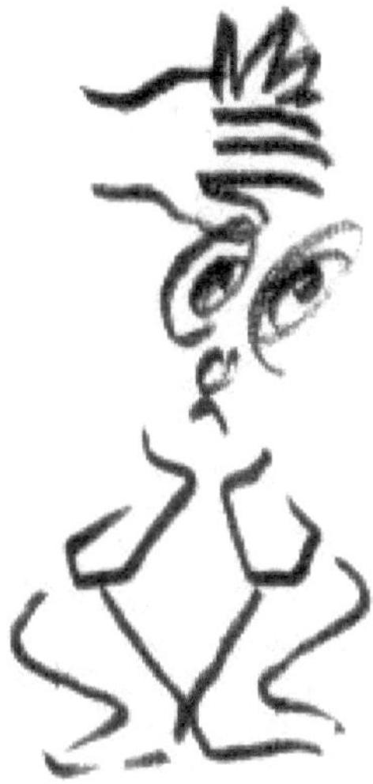

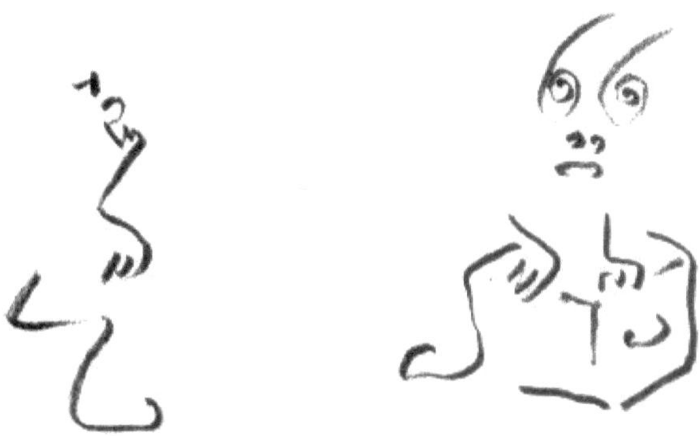

» , , , «

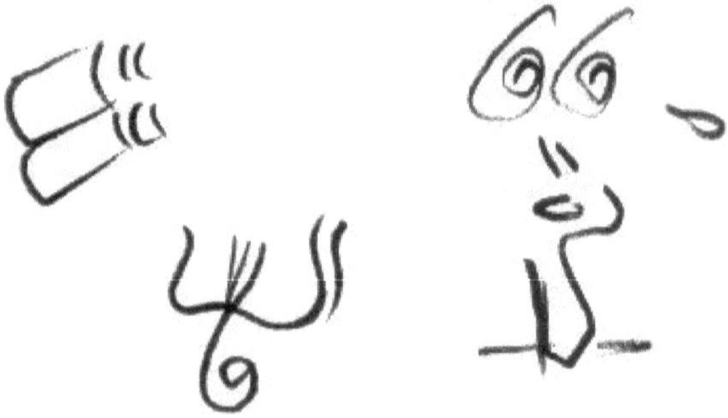

Selbst Kunst,
das Lied der Seele,
klingt dir leer.

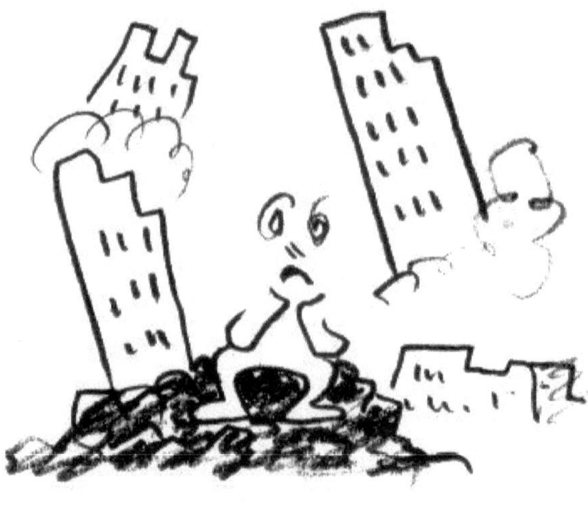

Morsch riechen Ehrgeiz, Liebe,
Stolz – wie Reisig brichts.

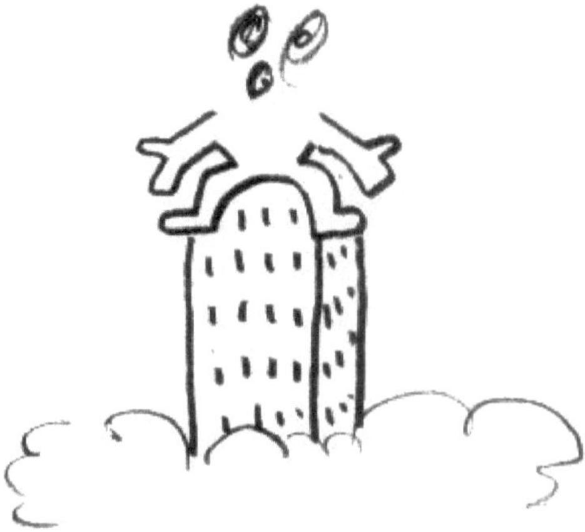

Du hängst im Freien,
klammerst dich an Nichts,

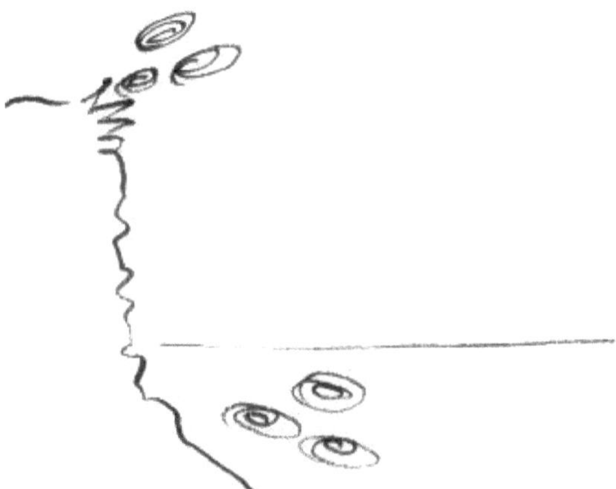

Stehst an der Klippe,
schaust ins Meer . . .

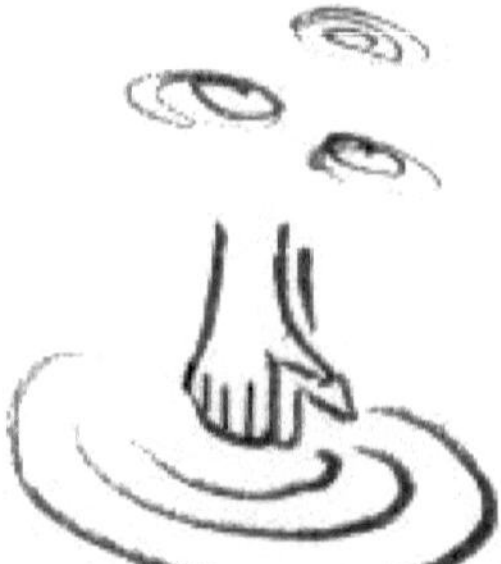

...und...

b.w.

Janeks Bilderbogen

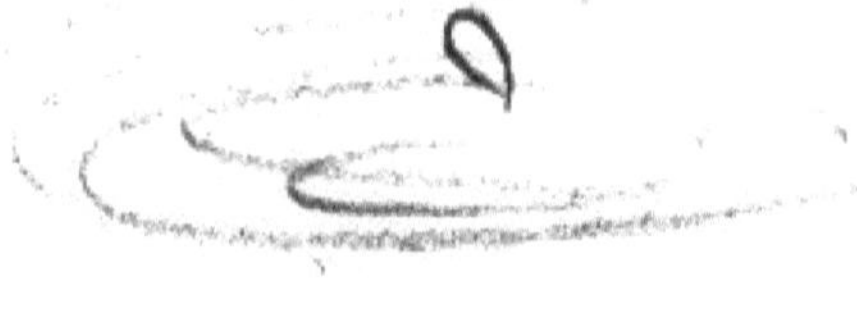

...Du bist leer

Famielke Honigkeks

Hamburg, Juli 1982

Das bildhübsche Mädchen, das sich Anfang Februar 1973 in Berlin-Frohnau Räucherstäbchen bei mir abgeholt hatte, um das Meditieren zu erlernen, war damals sehr entrüstet gewesen, als ich ihr im letzten Bild von »Peter Pan« eine ganze Kette von sage und schreibe fünf kleinen Gören an die Hände gezeichnet hatte.

Jetzt aber war es so weit: Sie hatte geheiratet, ihren Namen geändert und ihre erste Tochter bekommen. Ihren neuen Familiennamen »Mielke« deutete sie nach ihrer Art sehr eigenwillig und kreativ als »miel« für französisch Honig und »ke« für Keks.

Zur feierlichen Familiengründung mit Nachwuchs musste ich ihr natürlich auf meine Weise gratulieren, und so entstand die folgende Bildgeschichte, die sie mir viele Jahre später zurückschickte, als sich ihr honigsüßes Familienglück leider wieder aufgelöst hatte.

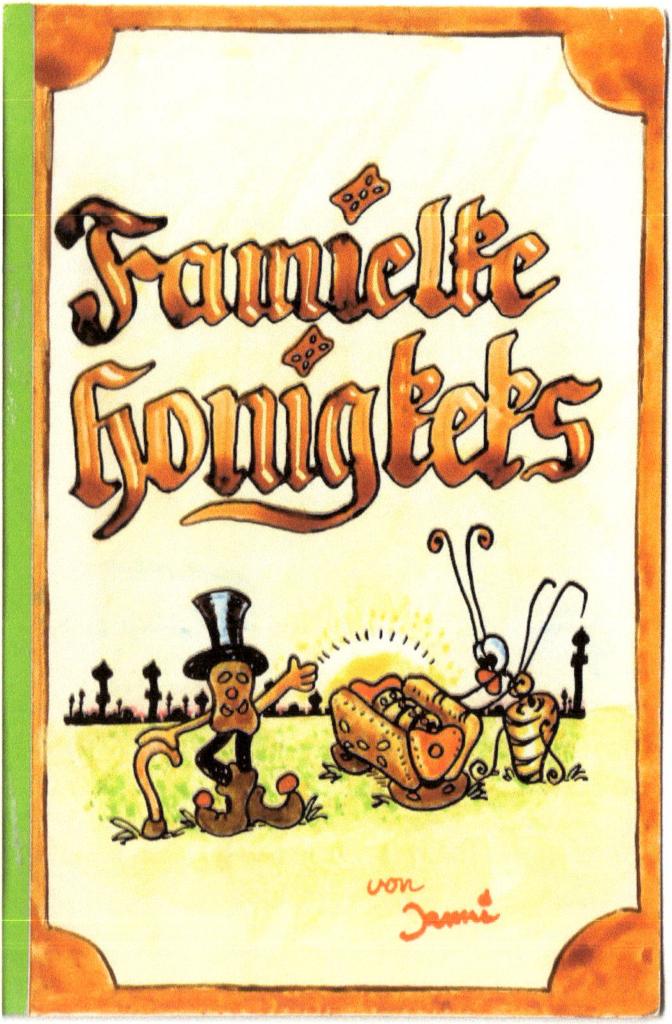
Familie
Honigkeks
von

Ein honigsüßer Honigkeks
zog einsam seines
Honigwegs
und suchte sein Keksinchen,
sein honigsüßes Bienchen.

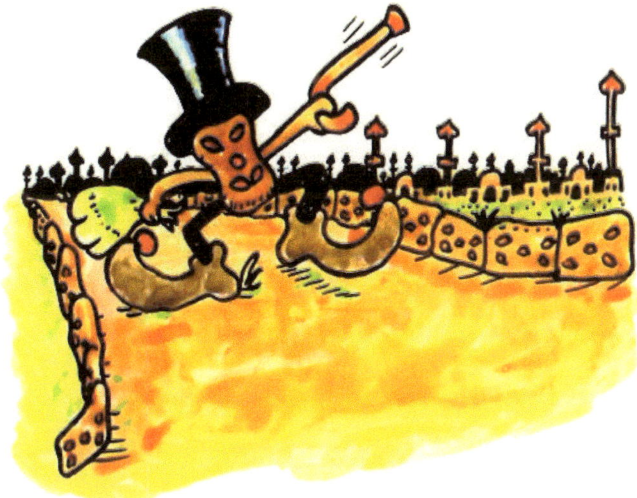

Da kam ein Bienchen
angeschwirrt
und surrt und sirrt
und gurrt und girrt
und schnurrt:
„Ish bin Shabinshen
dein honigshűshesh Bienshen."

Von nun an zieht
der Honigkeks
mit Bienchen seines Honigwegs.
Er bäckt aus Keks und Honig
ein Heim und brummt:
„Hier wohn ich."

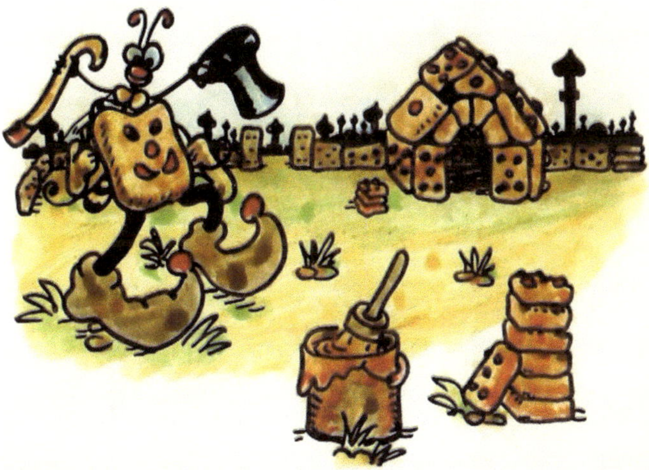

Nun pinseln sie
ihr Honigheim
mit pinseldickem Honigseim
und rinseliger Butter ein,
denn Bienchen möchte
Mutter sein.

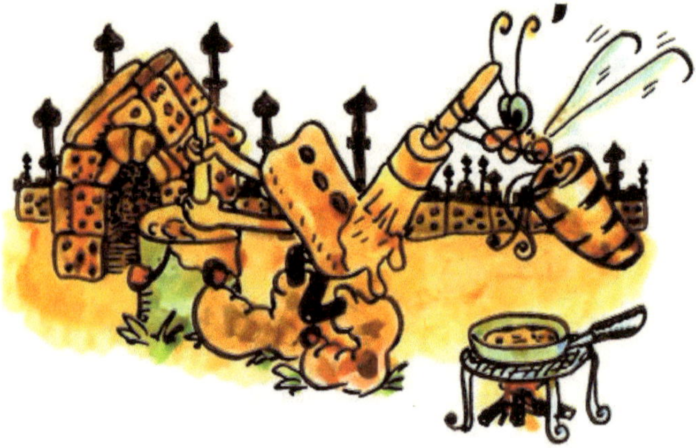

Im Juli kommt lütt Julia.
Der Trubel jubelt: „Trulia!
Ein Hounigkeks-Nachfolger
vom Hounigkeksen Holger!“

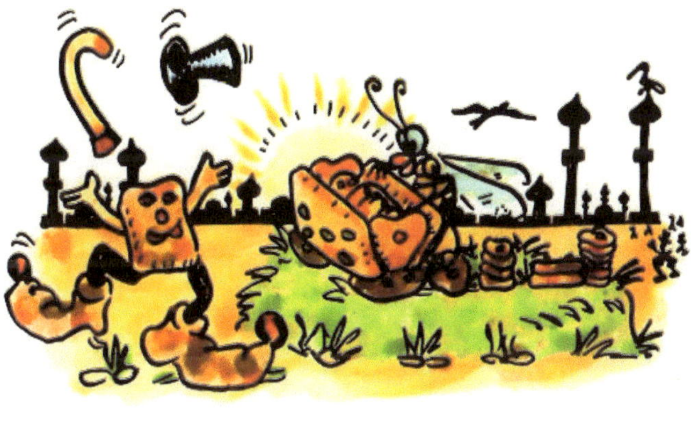

So feiern sie die
Mutterschaft
mit Honigmet
und Buttersaft.
„Et lewe dat Famileke
vom Hounigkeksen Miel-ke!“

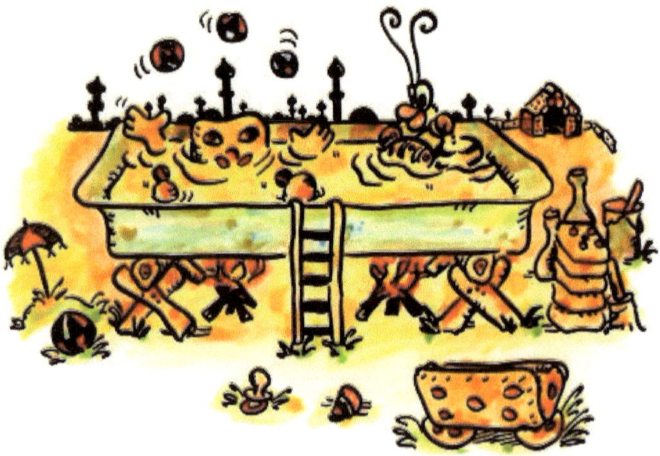

Zur Familiengründung am 26. Juli 1982
aufgetuscht von
© Janni

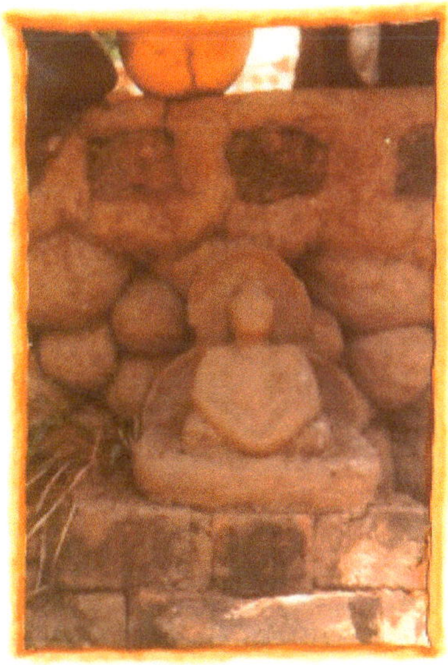

Im Heim von Milch und Honig
im Somaschoße wohn ich.

❖ ❖ ❖

Der Hupsi von Schwupsi

Boppard, 1. Oktober 1982

Einer unserer yogischen Flieger mit dem Spitznamen »Schwupsi« feiert Geburtstag.

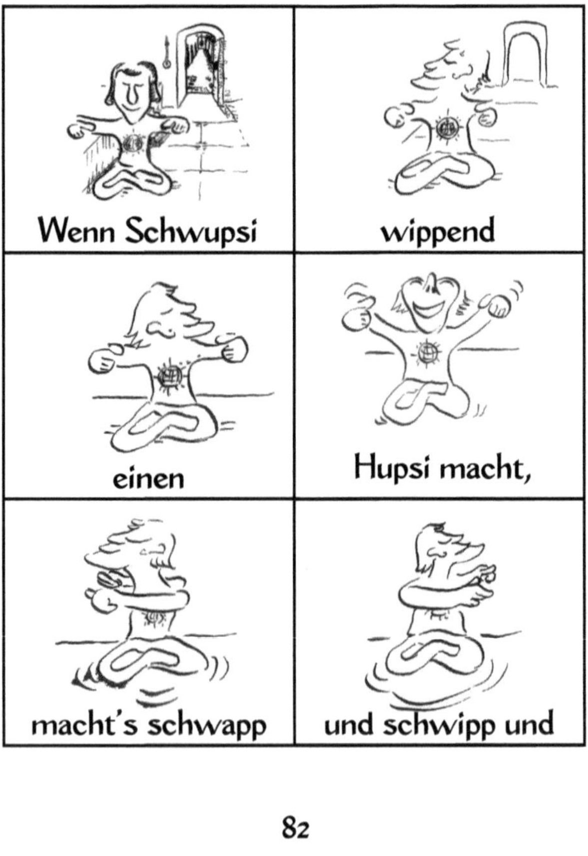

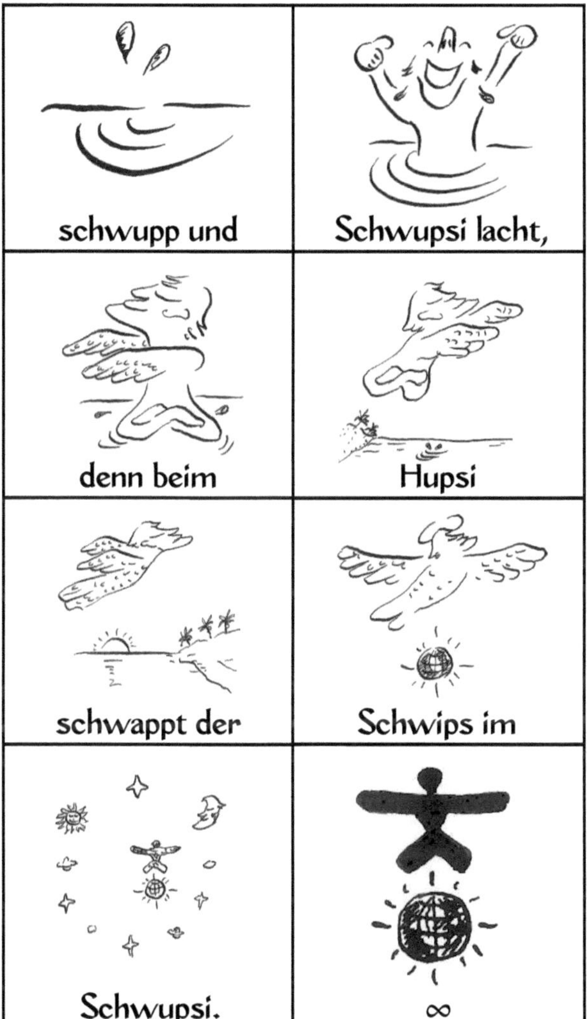
schwupp und
Schwupsi lacht,
denn beim
Hupsi
schwappt der
Schwips im
Schwupsi.
∞

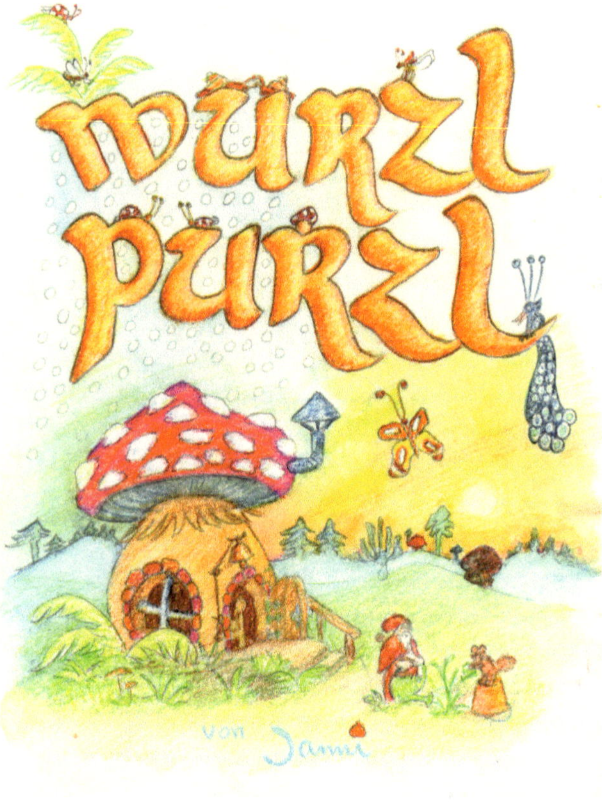
Wurzl
Purzl
von Jami

Wurzl-Purzl

Boppard am Rhein, Kloster Marienberg, 1984

Ich lebe inzwischen als Mitglied des ersten Tausendköpfigen Puruscha, einer Gruppe junger Männer mit intensivem Meditationsprogramm, hinter meterdicken Mauern eines alten Klosters.

Eines Tages besucht uns ein Studienrat, der sich für die Einführung der Transzendentalen Meditation ins deutsche Schulsystem einsetzt.

Als ich ihm von unserer Erfahrung in indischen Schulen erzähle, meint er: »Ja, die Meditation ist wie das Gießen der Wurzel, durch das alle Zweige vom Baum des Wissens gedeihen. Könntest du nicht eine kleine Geschichte schreiben, die das für Schüler veranschaulicht?«

Gesagt, getan, und so entstand die Geschichte von »Wurzl-Purzl«.

Wurzl Purzl

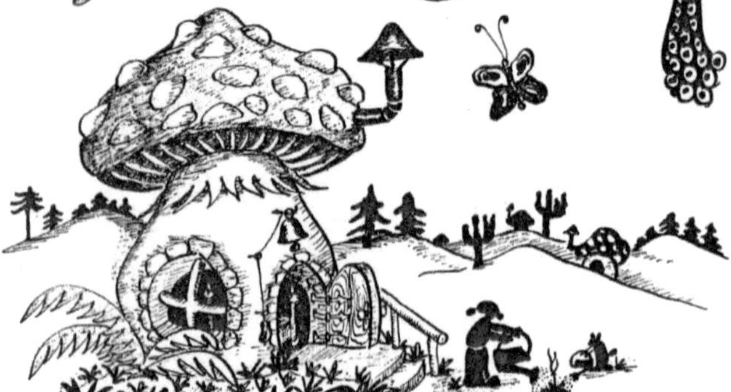

von Janni

Hinter sieben Bergen
bei den sieben Zwergen
züchtet sich Zwerg Purzl
eine Wunderwurzel.

Während er sie gießt,
sieht er, wie sie sprießt.
Wachsend wie im Traum
reift ein Wunderbaum.

Fleißig wässert Purzl
weiter seine Wurzel,
und bald hängt am Baume
die erste Wunderpflaume.

Saftig, süß und weich
wie im Himmelreich.
Purzl pflückt sie und
sie zergeht im Mund.

Weiterhin gießt Purzl
seine Wunderwurzel,
und man sieht den Baum
bald vor Pflaumen kaum.

Er vergisst die Kanne,
leert die Regenwanne,
sammelt mit Genuss
und macht Pflaumenmus.

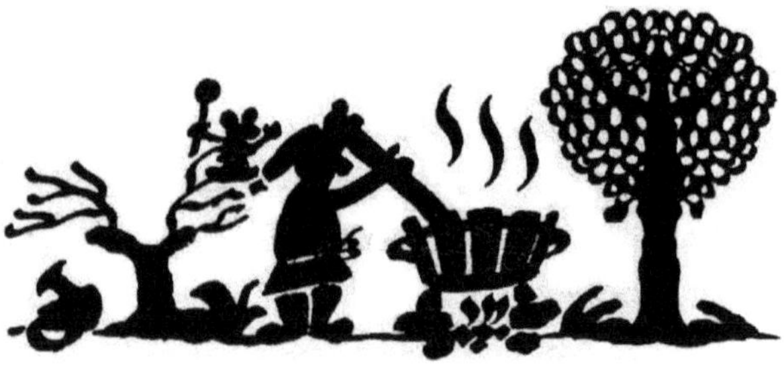

»Schüren, schmoren, schmieren
und das Mus anrühren.
Klicker-klacker-klecker,
Pflaumenmus ist lecker.«

Und das Mus, das schmeckt!
Purzel schleckt und schleckt.
Alles ist vergessen.
Nur noch Pflaumen essen.

Also löffelt er im Bette
mit dem Hamster um die Wette.
Bald hält Purzel sich den Bauch
und der Hamster auch.

Schließlich schnarchen beide brav
selig ihren Winterschlaf.
So vergeht das erste Jahr,
wo Purzl noch am Gießen war.

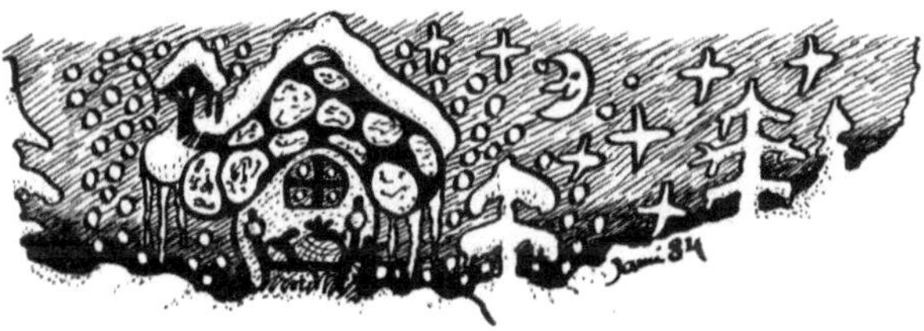

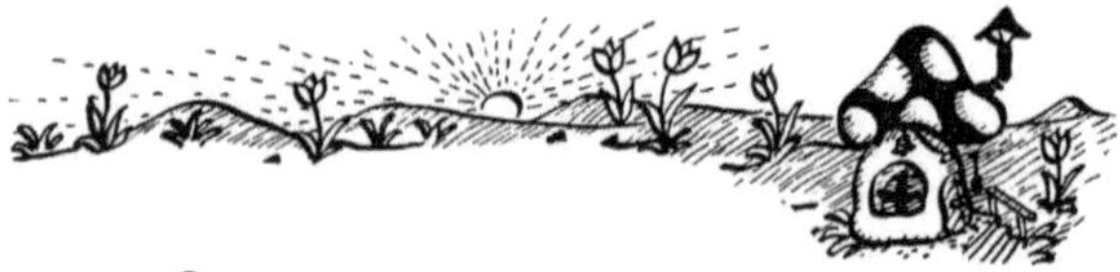

Im April erwacht
Purzl, denn ganz sacht
grummelt es im Bauch.
Bei dem Hamster auch.

Gleich zur Wanne hin
mit vergnügtem Sinn
und den Finger rein,
Pflaumenmus ist fein.

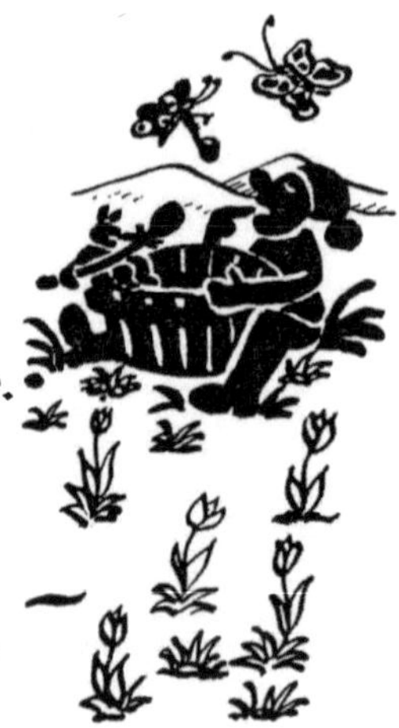

Aber bald – o jeh –
ist die Wanne leer.
Großes Ach und Weh:
Nichts zum Naschen mehr.

Purzl ist verdutzt:
Alles weggeputzt?
Schnell zum Wunderbaum,
aber – aus der Traum!

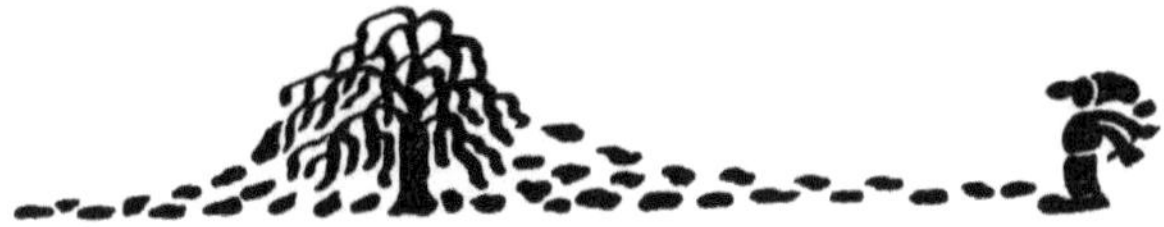

Bäumchen hängt ganz kahl,
dürr und schwach und schmal;
Blätter fallen hin –
trübe wird der Sinn.

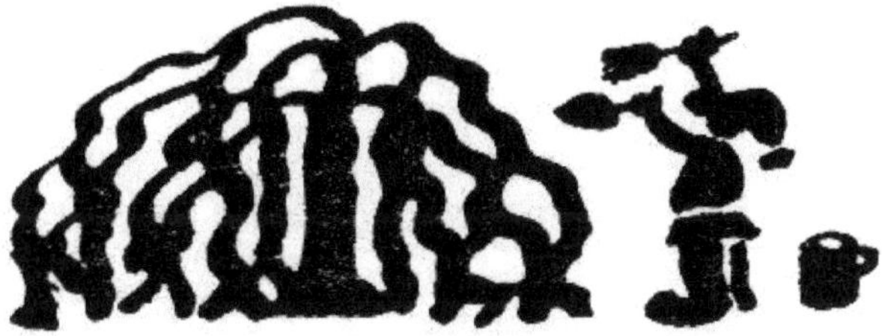

Purzl hebt die Blätter auf,
bügelt sie und streicht sie grün,
klebt sie auf die Zweige drauf,
doch das Bäumchen will nicht blühn.

Hungrig sind die Beinchen schwach.
Purzel schleicht sich unters Dach.
Grummel-grummel macht der Bauch,
bei dem Hamster auch ...

Im November und Dezember,
Januar und Februar,
liegt er wach wie im September.
Ach, es ist ein Hungerjahr!

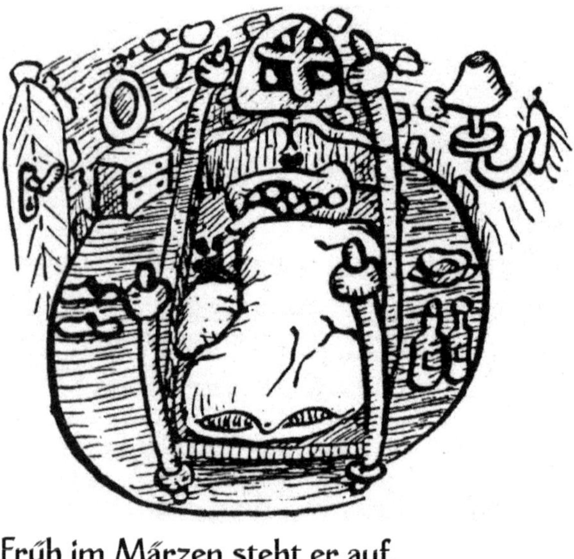

Frúh im Márzen steht er auf,
geht zum Wunderbaum:
Wieder keine Pflaumen drauf,
zwei, drei Blátter kaum.

Purzl fleht: »Ach Bäumchen,
gib doch wieder Pfläumchen
wie im ersten Jahr,
das war wunderbar.«

Bäumchen spricht: »Ach Purzl,
gieße nur die Wurzel,
dann erst kann ich blühn,
saftig, voll und grün.«

Mit der Kanne sucht der Purzl
nun im ganzen Tal die Wurzel,
doch er sieht die Wurzel nicht,
bis das Wurzelbäumchen spricht:

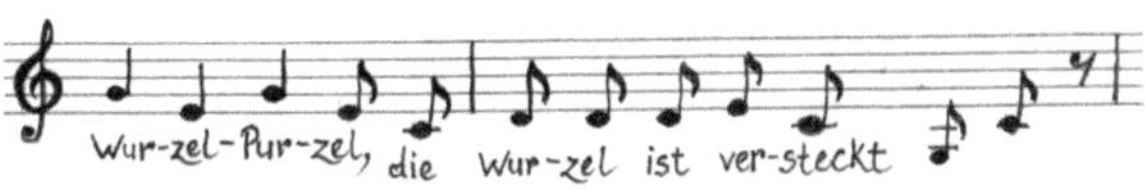

»Wurzl-Purzl, die Wurzel ist versteckt,
Wurzl-Purzl, in Erde eingedeckt.
Wurzl-Purzl, wo ich gewachsen bin,
Wurzl-Purzl, da steckt sie innendrin.«

Wie er nun die Wurzel gießt,
sieht er, wie's am Bäumchen sprießt.
Purzl sieht es sprießen und
hört nie mehr auf zu gießen.

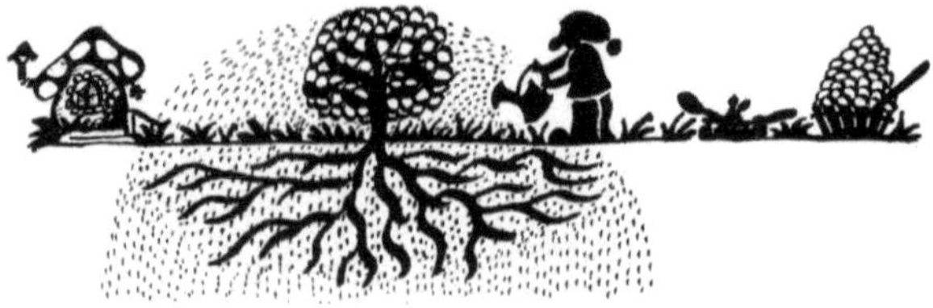

»Wurzel gießen – Frucht genießen,
sieh nur, wie die Knospen sprießen.
Ist die Wurzel voller Saft,
sind die Zweige voller Kraft.«

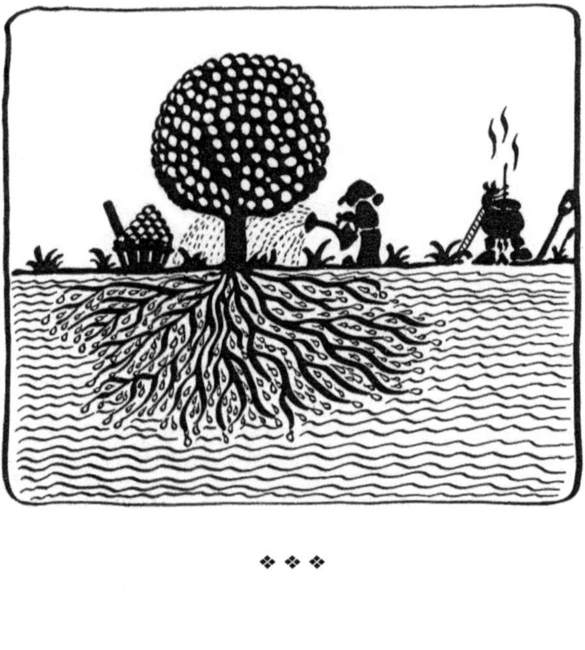

❖ ❖ ❖

Mienenspiel

Vlodrop, 4. Januar 1986

Die Puruschagruppe wohnt jetzt in Holland in einem alten Fransziskanerkloster direkt an der deutschen Grenze. Ein Mitglied hat Anfang Januar Geburtstag. Zwar werden Geburtstage oft sehr lautstark mit Geburtstagsliedern in vielen Sprachen gefeiert, denn wir sind eine internationale Gruppe, und für meine Freunde trage ich oft ein persönliches Gedicht vor, aber die erste Woche des Jahres ist unsere Schweigewoche. Da hört man im ganzen Haus jede Stecknadel fallen.

Nun war das Geburtstagskind ein bekannter Schauspieler, der vor allem Bösewichter mit ausgeprägtem Mienenspiel dargestellt hatte. Also entschied ich mich, ihm statt eines Gedichtes eine Geschichte zu schenken, die sich in seiner Miene widerspiegelt – in der Hoffnung, dass er sich trotz der leisen Ironie mit genügend Humor und Abstand zu sich selbst darüber freuen könnte.

MIENENSPIEL

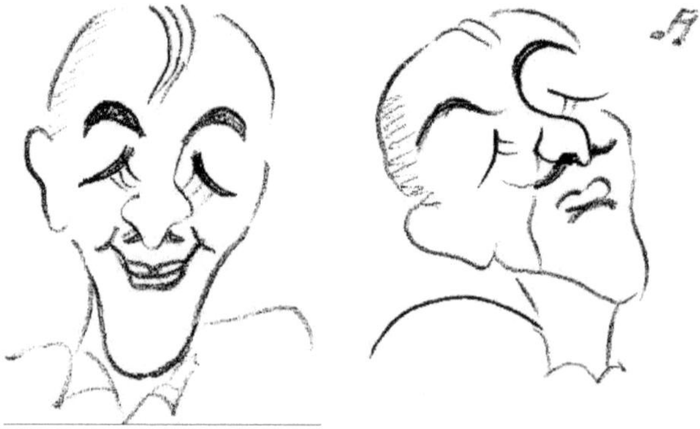

Endlich, mein großer Tag! – Harfen und Zimbeln zuhauf, wie ich das mag.

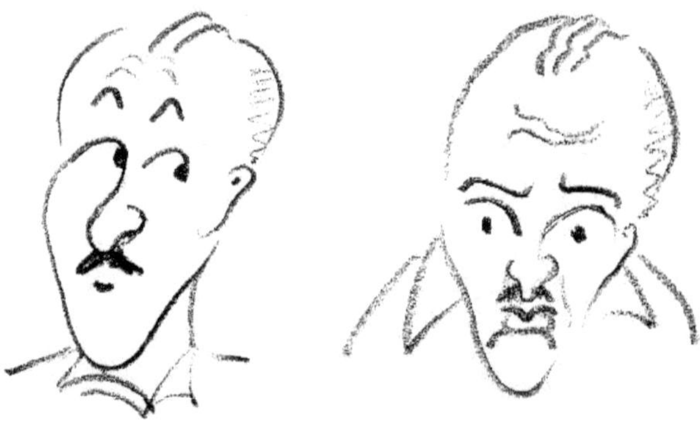

Und von Kratzfuß ein Gedicht? – Nein? Kein …?

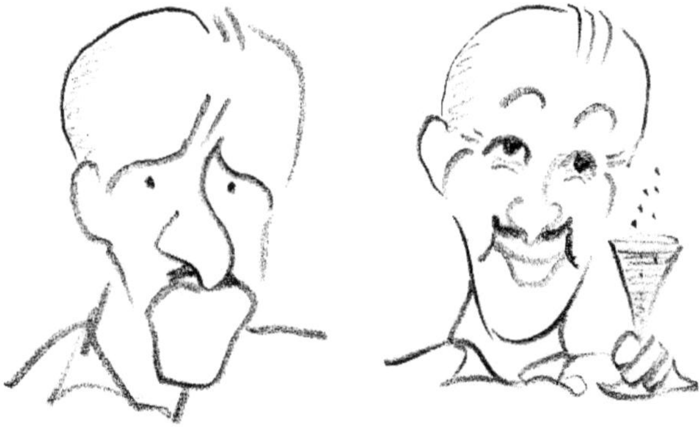

Dann eben nicht! – Samtpfötchen, trink!

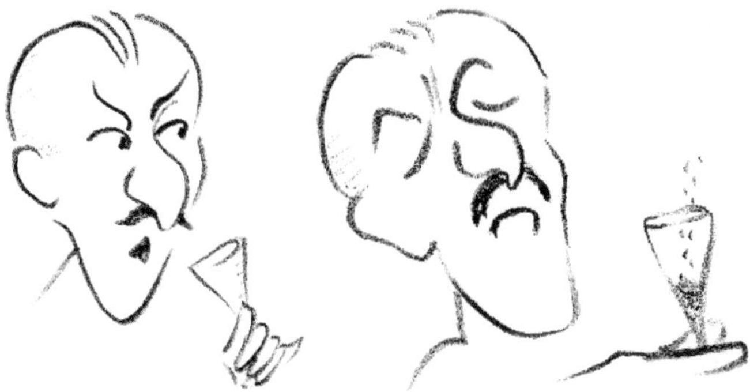

Was? Kratzfuß auch? – Na gut, wenn's sein muss. Ich zumindest zeige meinen guten Willen.

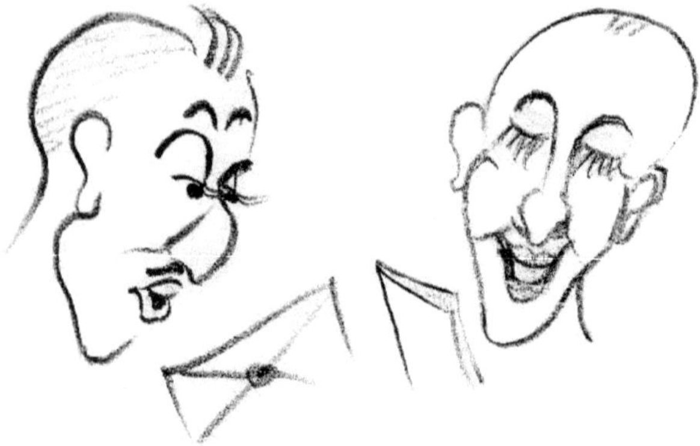

Oh! Was für mich? – Aber Kratzfuß, das wär doch nicht nötig gewesen ...

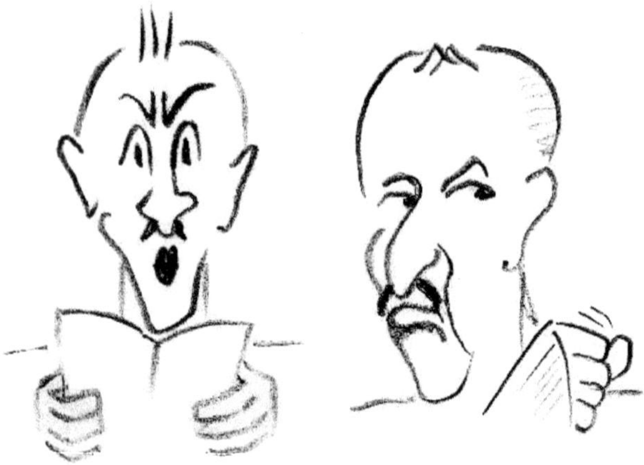

Ein Mienenspiel? – Das ist zuviel!

❖❖❖

Der Pinselmax

Vlodrop, Sommer 1989

Ein befreundeter Maler, in dessen altmeisterlicher Werkstatt ich manche abendfüllende Kalligrafie mit sachkundiger Korrektur vollendet hatte, verließ unsere Gruppe, und zum Abschied verehrte ich ihm den »Pinselmax«.

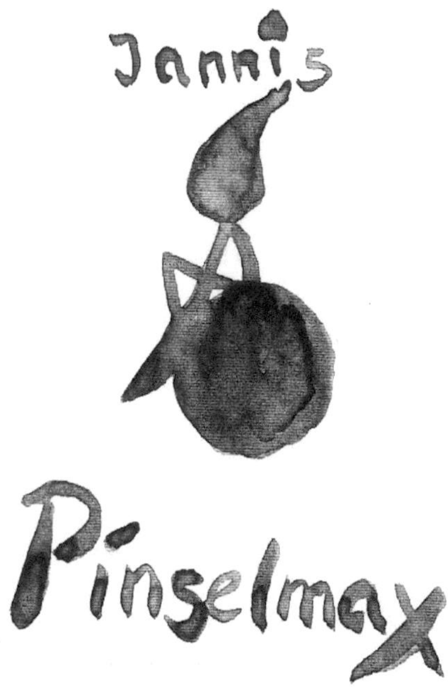

Ich wünschte mir
ein Blatt Papier,
so weiß wie Schnee,
weit wie die See,
unendlich offen
wie das Meer,
randvoll mit Weiß,
ja – völlig leer!

Klacks!
Wie der
Pinsel kleckst
und eine Insel
wächst!
Schon schwimmt
im Weltenschoß
der erste Kloß.

Und wie der Pinsel
wieder stupft
und wieder Nasses
niedertupft
gesellt sich zu
dem Klacks
ein Tröpfchen
namens Max.

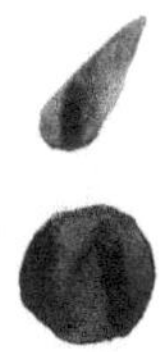

IX-AX!
Max
Pinselmann
rührt
an die
Insel
an.

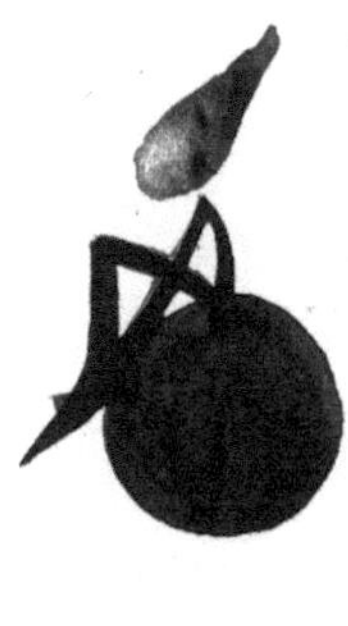

Da saugt die
Tunke hinten —
Max sitzt ja in
der Tinten! —
das helle
Tröpfchen ein.
Max ruft noch:
„Hilfe! Nein!"

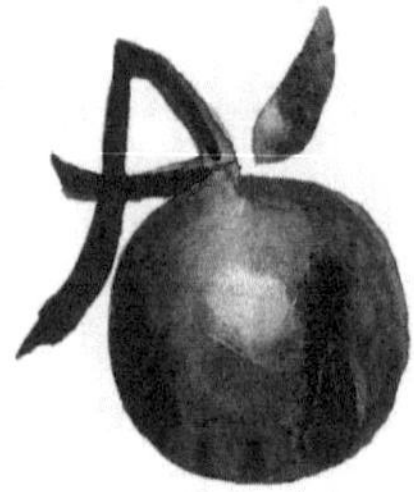

Es hilft
ihm nichts!
Sein Wuschelkopf
erzittert und der
Tuschetropf
versickert tief
im Klacks...

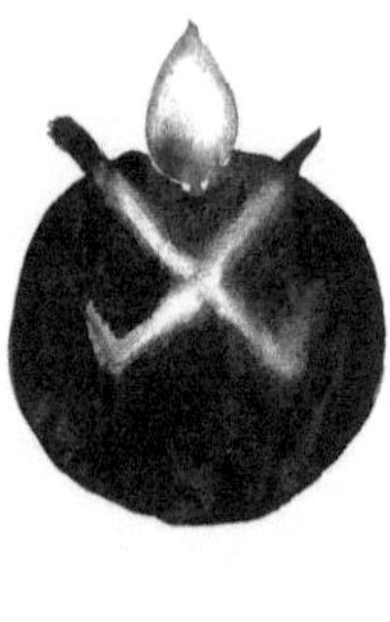

Nun
ist
es
aus
mit
Max.

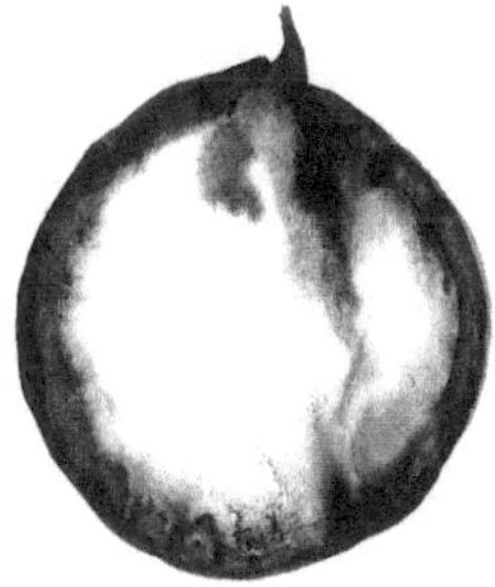

Doch weine nicht,
mein Herz.
Zerflossen
ist sein Schmerz.
Als heller Saft
im Kreis
zerrinnselt Max
den Inselklacks

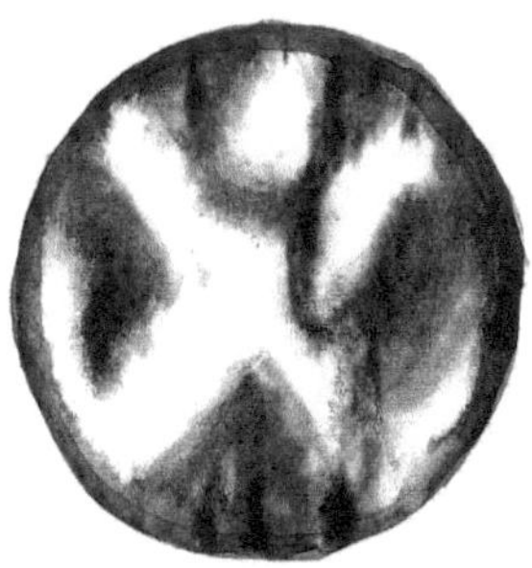

und
pin-
selt
al-
les
weiß.

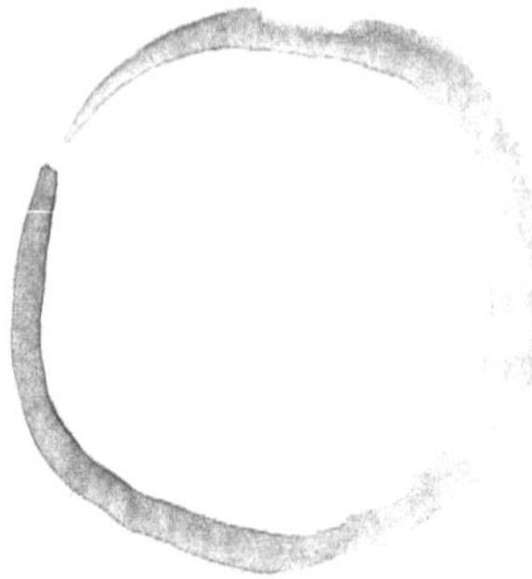

❖ ❖ ❖

Es war eine Nacht

Hamburg, Sommer 1994

Die Abgeschiedenheit des Klosterlebens ist schon lange vorbei. Die Puruschagruppe hat sich in kleinen Viererteams in die Welt verteilt, um an Wahlvorbereitungen für die Naturgesetz-Partei teilzunehmen.

Dazu müssen in allen Wahlkreisen Unterschriften gesammelt werden. Landtagswahlen, Bundestagswahlen, Europawahlen, wir reisen von Wahlkreis zu Wahlkreis und bringen bei den Gesprächen zur Unterschriftensammlung ganz automatisch das Thema Bewusstseinsentfaltung in die Politik.

Zwar erringt die Naturgesetz-Partei nirgends Mandate, aber einige unserer Wahlthemen erscheinen überraschenderweise fast wörtlich in den Faltblättern der etablierten Parteien.

Nach einer dieser Kampagnen in Lübeck besuche ich eine alte Freundin in Hamburg, und wir erleben gemeinsam etwas, wofür ich mich Jahrzehnte später noch bedanke.

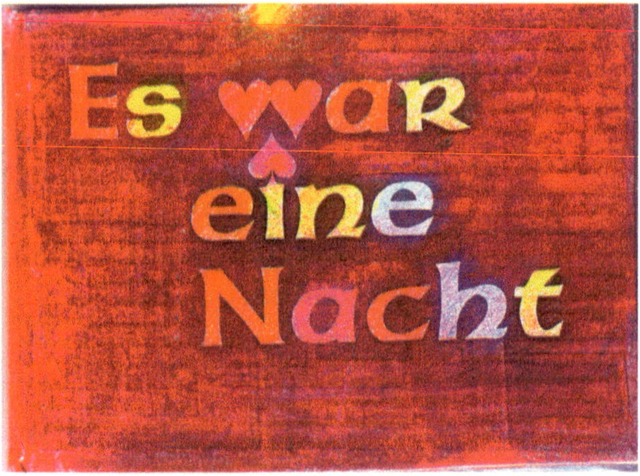
Es war
eine
Nacht

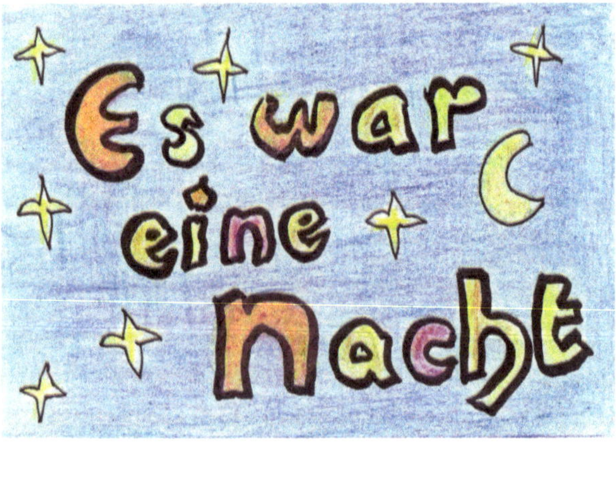
Es war
eine
nacht

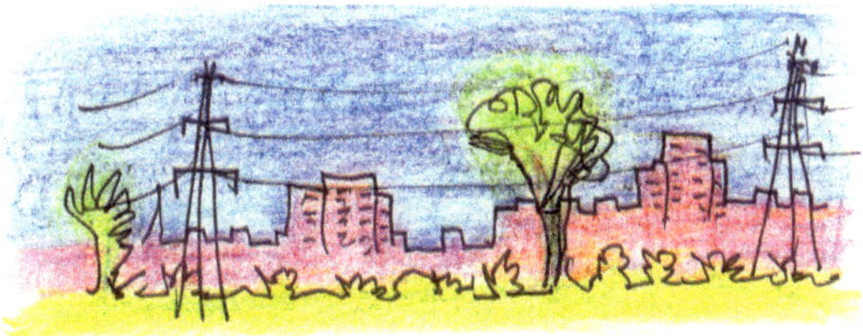

im Mümmelmanns-berg

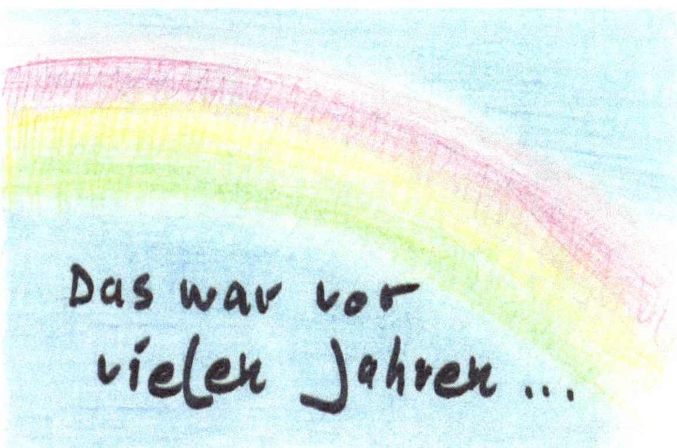

als wir zwei Hübschen,
Du und ich,
noch sehr
viel
jünger
waren.

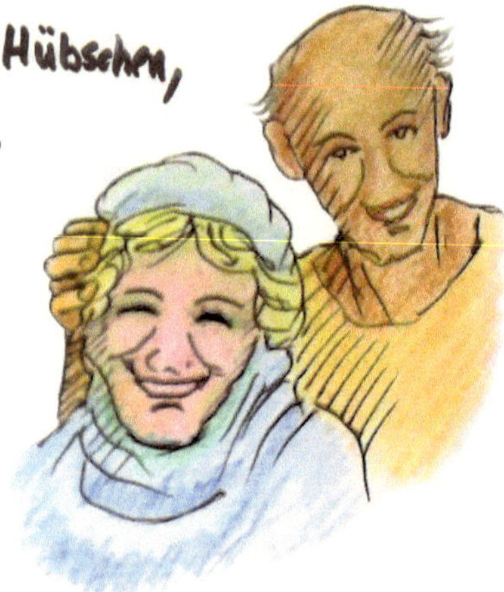

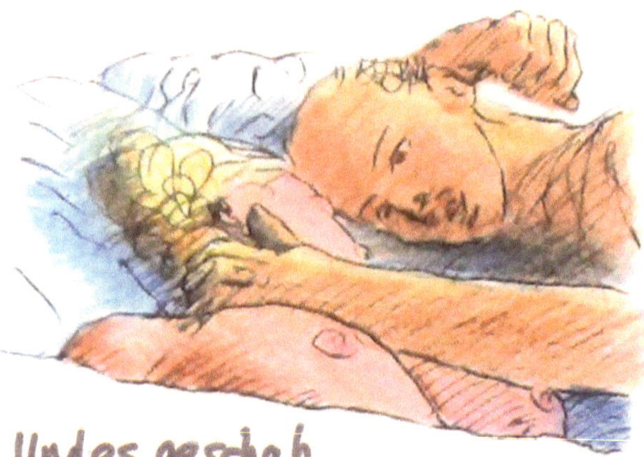

Und es geschah
ein „One-Night-Stand"

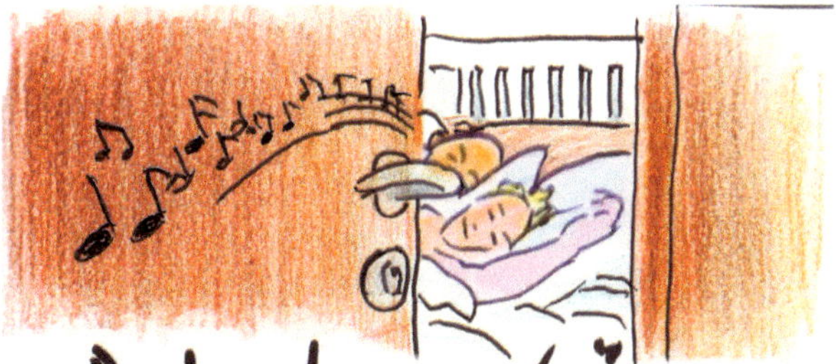

Du hast so schön gesungen ...

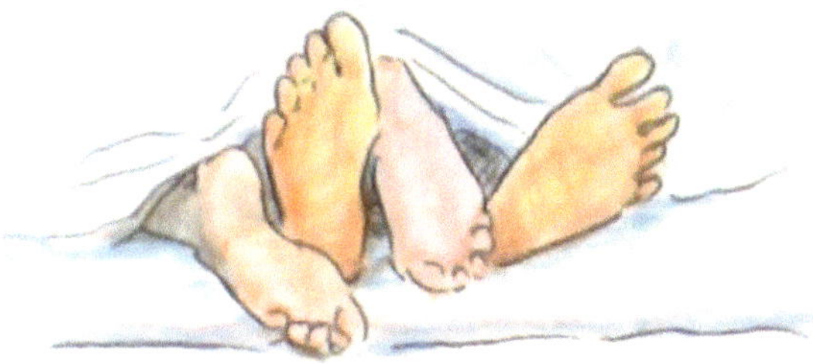

Noch singt es in mir ohne End ...

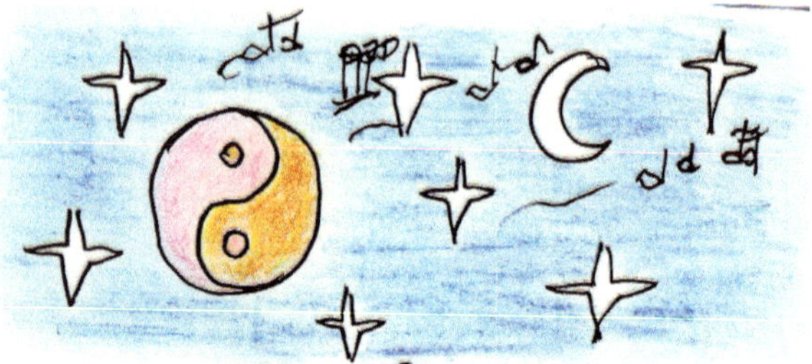

Dein Lied ist nie verklungen …

Danke!

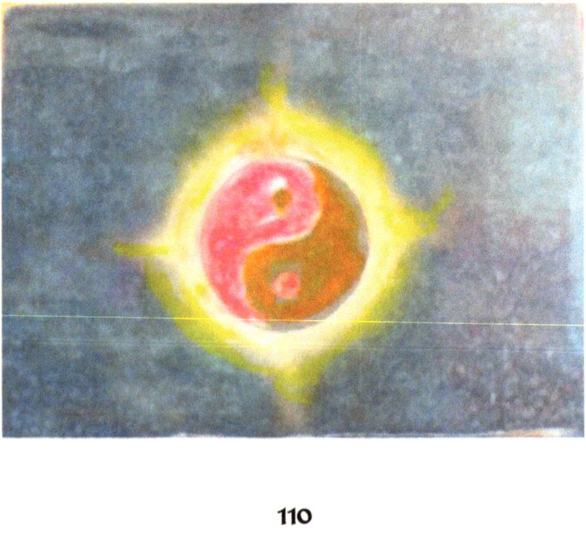

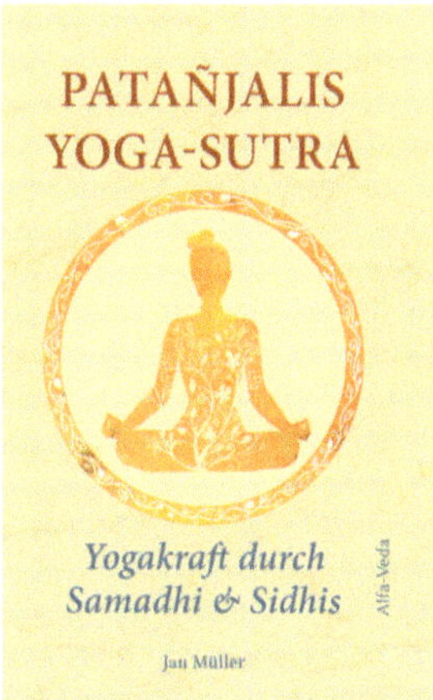

Patañjalis Yoga-Sutra
Yogakraft durch
Samadhi & Sidhis
Jan Müller
mit Illustrationen
des Autors

336 Seiten
Taschenbuch EUR 18,00
ISBN 9783945004272

Hardcover EUR 24,80
ISBN 9783945004289

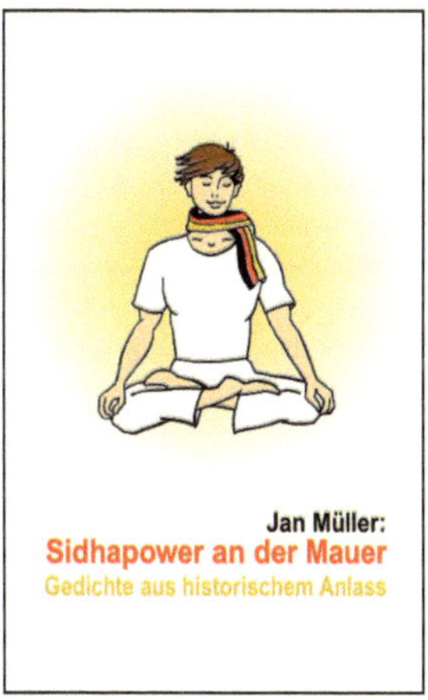

Sidhapower an der Mauer
Gedichte aus
historischem Anlass
Jan Müller
mit Illustrationen
des Autors

292 Seiten
Taschenbuch EUR 9,95
ISBN 9783945004173

Hardcover EUR 19,80
ISBN 9783945004340

Leseproben und Bestellung auf www.alfa-veda.com

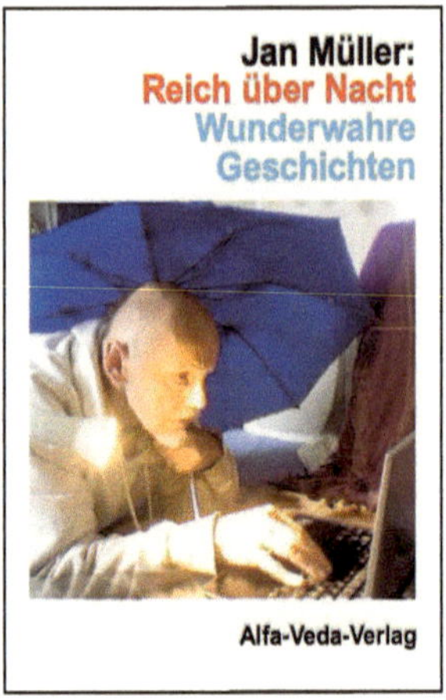

Reich über Nacht
Wunderwahre Geschichten
Text: Jan Müller
Bilder: Stephanie Wolff

200 Seiten
Taschenbuch EUR 8,95
ISBN 9783945004067

Hardcover EUR 18,00
ISBN 9783945004319

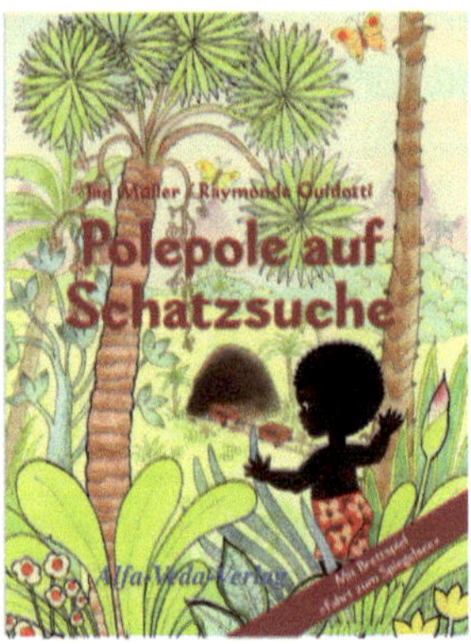

Polepole auf Schatzsuche
Mit Brettspiel
»Fahrt zum Spiegelsee«
Text: Jan Müller
Bilder: Raymonde Guidotti

49 Seiten
Paperback EUR 8,95
ISBN 9783945004128

Leseproben und Bestellung auf www.alfa-veda.com